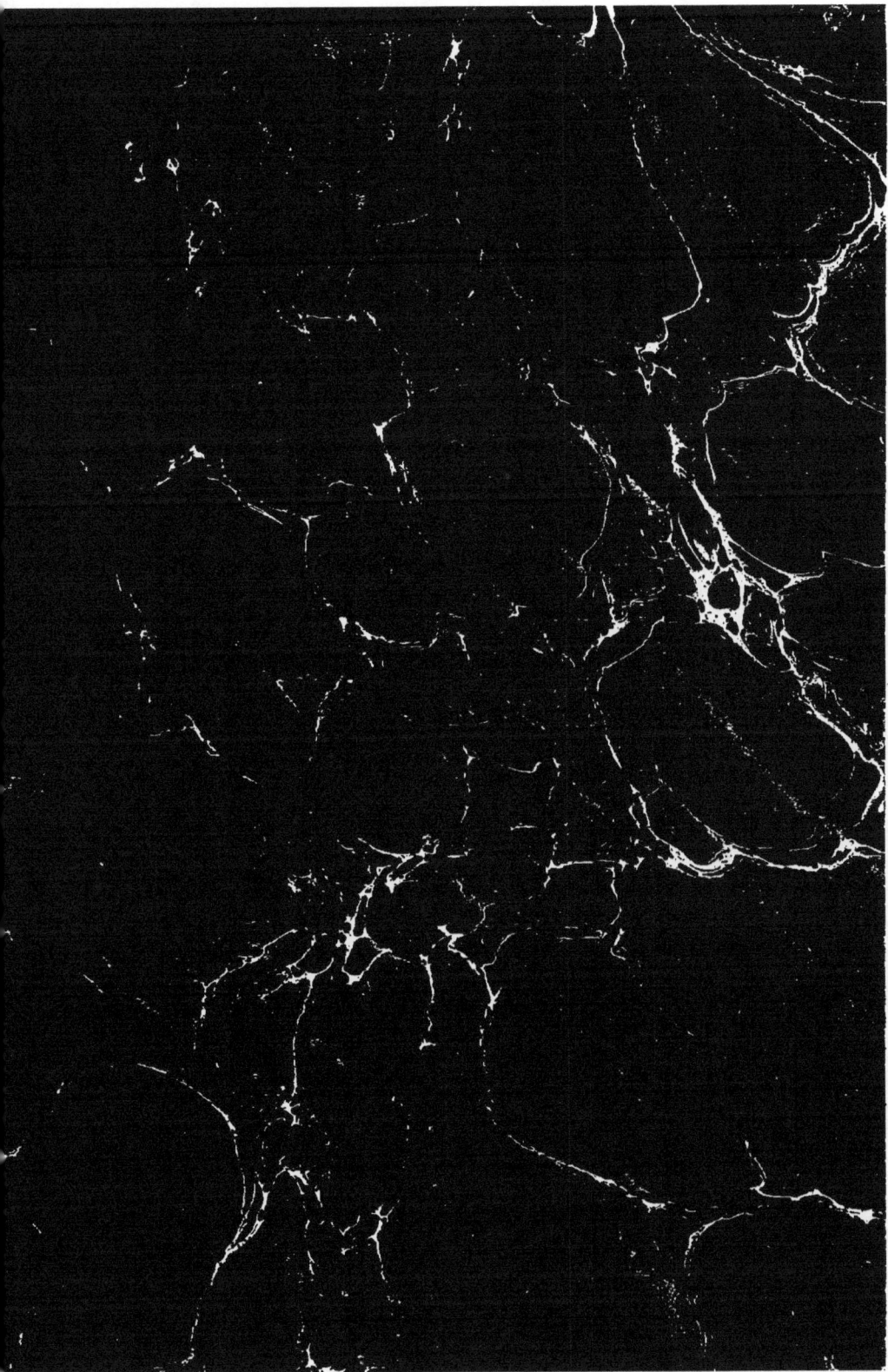

$Lb\ ^{4}_{3}53$

CAMPAGNES

DES

FRANÇAIS EN MORÉE,

1828 ET 1829,

PAR M. ALEXANDRE DUHEAUME,

Capitaine au 38ᵉ régiment d'infanterie de ligne.

1 VOLUME IN-8°, 2 FR 50 C.

PRÉSENTER au souvenir de mes frères d'armes une campagne entreprise pour assurer la liberté d'un peuple aussi célèbre qu'infortuné; leur retracer les fatigues et les privations inséparables d'une longue marche à travers des contrées entièrement ravagées; offrir à mes compatriotes le tableau affreux d'une guerre à mort, soutenue avec une admirable constance par les Grecs, si diversement jugés, néanmoins dignes de l'intérêt de l'Europe civilisée : tel est le but d'un ouvrage que j'offre plus particulièrement aux officiers de toutes armes qui ont fait partie de l'expédition.

Un tableau sommaire des régimens, et une liste nominative de l'état major-général, feront connaître des hommes animés du noble désir d'être utiles à leur pays. Je cite les corps qui ont eu une mission à remplir, leurs différens mouvemens : le 16ᵉ se retrouvera à l'assaut de Navarin; le 35ᵉ à celui de Modon; les 8ᵉ et 27ᵉ se rappelleront le blocus de Coron, et les sapeurs du 2ᵉ du génie leur tentative d'escalade de cette place; la 3ᵉ brigade, composée des 29ᵉ, 42ᵉ et 54ᵉ régimens, occupant Patras et assiégeant le château de Morée, secondée par la 2ᵉ brigade et le 3ᵉ régiment de chasseurs, accourus sur les ordres du général en chef.

J'ai cru indispensable de livrer à l'impression l'hommage rendu à l'armée par l'amiral Miaulis, délégué du président Capo-d'Istrias, au nom de la nation grecque, douce récompense de nos travaux. Désireux d'être agréable à mes camarades, j'ose espérer qu'ils m'aideront à atteindre le nombre de souscripteurs, pour me couvrir des frais que je ne puis faire sans leur officieux concours. La modicité du prix de l'ouvrage, et l'appui des suffrages d'un homme de lettres (M. Bizet), me donnent cette confiance, et me portent à leur en adresser d'avance mes sincères remercîmens.

On souscrit à Paris :

Chez Félix Locquin, Imprimeur, rue Notre-Dame-des-Victoires, n° 16;

Et chez tous les Libraires,

Paris. — Imprimerie de Félix Locquin, rue Notre-Dame-des-Victoires, n. 16.

SOUVENIRS

DE

LA MORÉE.

IMPRIMERIE DE FÉLIX LOCQUIN,
16, RUE NOTRE-DAME-DES-VICTOIRES.

SOUVENIRS

DE

LA MORÉE,

POUR SERVIR

A L'HISTOIRE DE L'EXPÉDITION FRANÇAISE

EN 1828—1829,

Par M. A. Duheaume,

CAPITAINE AU 58ᵉ RÉGIMENT D'INFANTERIE DE LIGNE.

J'étais là ; telle chose m'advint.
LAFONTAINE.

PARIS.

ANSELIN, LIBRAIRE,

9, RUE DAUPHINE.

1833

A MES CAMARADES.

En vous dédiant une Relation, fruit de mes souvenirs, j'ai cherché avant tout la vérité dans l'exposé des faits qu'il n'a pas dépendu de vous de rendre plus brillans. La mission qui nous était confiée n'en a pas moins été remplie : les Turco-Égyptiens ont été forcés d'évacuer un territoire qu'ils en-

sanglantaient depuis trop long-temps, et les
Grecs ont été libres après trois siècles de ser-
vitude !

Accueillez avec indulgence le récit bien
imparfait d'une campagne que j'aurais désiré
vous présenter sous des couleurs plus gaies.
Stérile en fait d'armes, elle offre un caractère
particulier, devenu le domaine de l'histoire :
la France impartiale rendra justice à votre
dévouement, et consolera les familles en
deuil de leurs nombreux enfans morts sur
cette terre étrangère.

J'ai cherché à rendre ma narration plus
intéressante, en puisant dans le Dictionnaire
de M. Noël et différens auteurs l'historique
des noms primitifs.

Satisfait de mon travail, s'il obtient votre
assentiment, je jouirai complétement du plaisir d'avoir réussi à prolonger les souvenirs

toujours pleins de charme d'un âge plus avancé.

Agréez cet hommage particulier de mon affection, et croyez à l'attachement inaltérable de

Votre dévoué camarade,

ALEXANDRE DUHEAUME,

Capitaine au 58ᵉ de ligne.

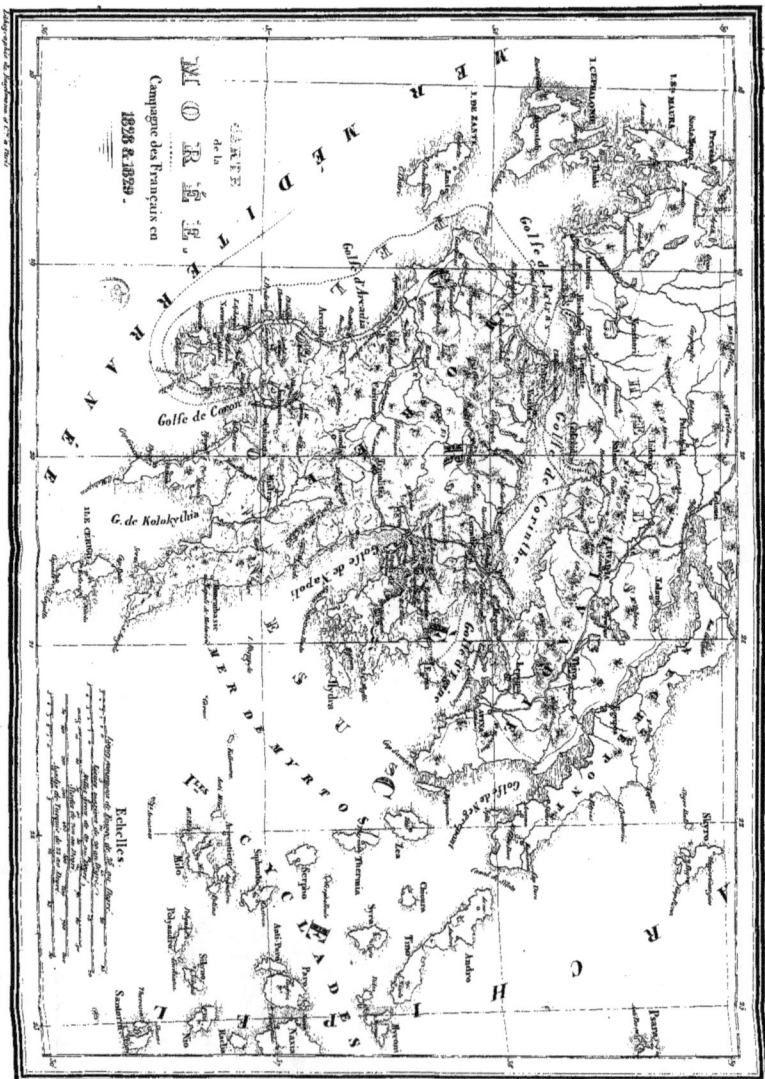

SOUVENIRS

DE

LA MORÉE.

———<✦>———

La Morée, province de l'ancienne Grèce,
doit son nouveau nom (selon certains géographes
modernes) à la quantité de ses mûriers. Elle fut
d'abord appelée Égialée, d'un fils d'Inachus et
de Mélie, issue de l'Océan; ensuite Apia, d'Apis,
fils de Phoronée et de Laodice; plus tard, Argolide, d'Argus, petit-fils de Jupiter et de Niobé;

I

enfin Péloponèse, de Pélops, fils de Tantale, roi de Lydie, qui, ayant remporté le prix de la course des chars sur OEnomaüs, roi d'Élide, acquit par cette victoire son royaume, et s'unit à la princesse Hippodamie. Le nom d'Argos fut dès-lors restreint à une de ses provinces, devenue le petit état de cet Agamemnon poétiquement surnommé par Homère le *roi des rois*.

Les Pélasges, ses premiers indigènes, outre ces changemens successifs de noms, furent désignés, ainsi que leurs compatriotes les habitans des autres provinces limitrophes, sous la dénomination générale d'Hellènes, d'Hellen, fils de Deucalion, et enfin de Grecs, d'un fils de Cécrops.

Riche en souvenirs mythologiques, elle vous retrace à chaque lieu, à chaque site pittoresque, les ingénieuses fictions d'un culte si bien approprié aux mœurs, aux usages, et surtout à l'imagination ardente de ces différens peuples :

Le Zyria, ou Cyllène, montagne énorme qui domine le fameux lac Stymphale, l'un des douze travaux d'Hercule; les monts Lycée et Ménale, sur lesquels Apollon déplorait la perte de Daphné; les contre-forts d'Erymanthe, qui rappellent le sanglier de la forêt du même nom.

A l'instar de la Grèce proprement dite, elle avait aussi son Olympe (le mont Malevo); et parmi ses fleuves nombreux, son Styx, le *Mavronero*, qui s'échappe du plateau le plus élevé et le plus abrupt du Cyllène, passait, dans les temps héroïques, pour être si redoutable, que les dieux n'osaient se parjurer quand ils en avaient seulement prononcé le nom. Il tenait cette haute réputation de ce que ses eaux glaciales donnaient la mort. Achille y fut cependant plongé sans danger, et dut à cette sorte de baptême son invulnérabilité; son Achéron, le Carbonéro, le Rouphia, autrefois cet amoureux Alphée; et l'Eurotas, le Vasili-Potamos (Fleuve-Royal), dont Jupiter choisit les bords fleuris quand il prit la forme d'un cygne pour séduire une Reine; c'est aussi dans le cristal de ses eaux que la jeunesse spartiate apprenait à nager, exercice qui entrait dans son éducation militaire.

Cette terre, jadis si féconde en héros, en législateurs, le serait encore de nos jours, si la civilisation de ce peuple infortuné n'eût été comprimée par le despotisme ottoman pendant quatre siècles.

Nourri dès l'enfance des hauts faits des grands

hommes de l'antiquité, un cœur généreux s'é-
meut aux seuls noms d'Agamemnon, d'Achille
et de Léonidas, et tressaille à ceux de Coloco-
troni, de Nikitas et de Canaris.

En effet, huit années d'une lutte sanglante,
d'une guerre à mort, doivent élever au premier
rang les intrépides auteurs de la plus noble et de
la plus sublime des causes, et absoudre de ses
vices particuliers les restes d'une population qui,
pendant le même espace de temps, se voua aux
plus grands sacrifices pour conquérir sa liberté.

La Morée, bornée au nord par le golfe de
Lépante, au sud par la grande mer, à l'ouest
par les îles Ioniennes, située entre les 36 et 38°
1/4 de latitude, et les 19 et 20° de longitude, a,
dans sa plus grande longueur du nord-ouest au
sud-est, c'est-à-dire du cap Papa au cap Saint-
Angelo, une cinquantaine de lieues ; dans sa plus
grande largeur, depuis Modon au cap Franco,
environ trente-trois lieues.

La configuration de ses côtes représente assez
bien la figure d'une feuille de platane, dont le
pétiole serait l'isthme de Corinthe. Sa circonfé-
rence, irrégulière en suivant ses golfes et ses
caps, est de deux cents lieues. Dans cette étendue, elle offre une quantité de baies d'un facile

accès, en état de recevoir les plus gros vaisseaux.

Une citadelle d'un grand développement,
construite sur le mont Géranien, le véritable
lieu de défense de l'isthme, la préserverait de toute
invasion. Le fort Palamédi, citadelle de Napoli,
l'Acro-Corinthe, Coron, sont des places inex-
pugnables.

Sa marine est un de ses puissans moyens de
défense. Intrépides marins, les Grecs, malgré
l'inégalité des vaisseaux, combattront toujours
avec avantage contre les Turcs avec quelques
frégates, de gros bricks de guerre, et leurs ter-
ribles brûlots.

La Morée présentait avant la guerre, sur une
surface de 25,000 lieues carrées, une population
de 400,000 habitans; ce qui donnerait 160 âmes
par lieue. Elle en compte à peine aujourd'hui
40,000.

Cette province, la plus fertile de la Grèce,
réunit les productions les plus variées : les vallées
abondent en oliviers ; les amandiers, les citronniers et les orangers sont cultivés dans les jar-
dins ; la vigne prodigue des raisins d'excellente
qualité, et une variété connue sous le nom de
raisins de Corinthe ; les fruits y sont délicieux,

particulièrement les figues; les melons de toute espèce, les courges, les pastèques, les concombres, y croissent avec une merveilleuse facilité; les céréales sont abondantes; le riz, la soie, le miel, le tabac, la cire, le goudron, le chanvre, le lin entretenaient un commerce considérable; les pâturages sont excellens; les agriculteurs, célébrés par ces mêmes poètes qui chantèrent les bergers d'Arcadie, se servent également de bœufs, de chevaux, d'ânes et de mulets, pour la culture. Cette partie centrale peut fournir des bois de construction pour les vaisseaux.

Des troupes de chiens errans, de renards et quantité d'oiseaux de proie détruisent la presque totalité du gibier; ce qu'on en trouve est d'un goût exquis. En retour, les oiseaux de passage, tels que cailles, bécasses, bécassines, s'y montrent par milliers aux époques de leur émigration d'Afrique. Le golfe de Patras fourmille de poissons aussi nombreux que délicats, et l'exportation de ces derniers était l'objet d'un commerce important.

Un ciel pur et une température constamment chaude pendant les trois quarts de l'année, complètent les avantages matériels de cette belle contrée. L'automne s'annonce par des orages épouvantables, effet naturel de l'équinoxe et des grandes chaleurs des mois précédens. L'hiver ne commence véritablement qu'en janvier et se termine à la fin de mars : ce sont d'abord des pluies continuelles, entremêlées de grêle, de neige fondue; de violens coups de tonnerre suivis d'un froid piquant, et enfin la renaissance du printemps sous une température variable le premier mois, puis un temps superbe, avec les chaleurs progressives de l'été.

Le 6 décembre 1827, mon régiment, le 58ᵉ d'infanterie, entrait en garnison à Toulon. Cette place de première ligne, bâtie dans un espace trop étroit pour une population de 30,000 habitans, offre un ensemble remarquable; la propreté et l'élégance des maisons, de ses rues à trottoirs, de ses places publiques agréablement ombragées, et ornées de jolies fontaines, charment les étrangers.

Chef-lieu de la troisième préfecture maritime, son port, de première importance sur la Méditerranée, forme deux bassins qui communiquent ensemble par un canal, et ont leur issue dans une rade commune, l'une des plus belles de l'Europe, dont l'entrée est défendue par les batteries de plusieurs forts : celui nommé Lamalgue est un chef-d'œuvre de construction. Un

second, situé plus avant dans les terres et sur
un point culminant, rappelle, sous le nom de
Petit-Gibraltar, le premier fait d'armes d'un
guerrier inconnu alors, mais qui devait léguer
un nom immortel à la postérité.

L'arsenal de la marine est immense; le bagne,
les cales couvertes, le magasin général et la
corderie sont des bâtimens admirés des connais-
seurs.

La France retentissait alors du combat naval
de Navarin. Les poupes noircies, les mâts brisés
de plusieurs vaisseaux ornés de flammes rouges,
mouillés non loin du lazaret, étaient de glorieux
témoins d'un fait d'armes qui échauffait prodi-
gieusement nos esprits fatigués d'une longue
inactivité : militaires, nous accueillions de tous
nos vœux les bruits d'une expédition d'outre-
mer, qui semblait devoir être fixée au printemps
suivant.

En avril 1828, le 46ᵉ régiment et le 58ᵉ sont
organisés en deux bataillons de guerre; plusieurs
autres corps stationnés à Perpignan, Montpellier,
Avignon, subissent aussi la même formation, et
sont, avec des compagnies d'artillerie et du génie,
dirigés sur les villages qui avoisinent la ville;
trois régimens du corps d'armée d'occupation

de Cadix, nouvellement débarqués, y sont également cantonnés.

Les travaux de la marine, poussés avec une activité extraordinaire, ne laissent plus de doutes sur des projets annoncés depuis long-temps : les grandes et petites rades sont couvertes de vaisseaux de guerre et de navires marchands de toutes grandeurs, destinés au transport des troupes : la multitude des mâts offre l'aspect d'une forêt flottante.

L'arrivée subite des maréchaux-de-camp les premiers jours d'août nous remplit de joie : officiers et soldats saluent avec enthousiasme le marquis Maison, général en chef, qui fait entrevoir aux divers corps d'officiers admis en sa présence les avantages d'une campagne entreprise pour la délivrance d'un peuple jadis célèbre, et glorieuse pour des Français ; ils auront à supporter des fatigues et des privations de toute espèce, dont il donnera lui-même l'exemple.

Une proclamation [1] aussi courte qu'énergique est lue aux compagnies assemblées la veille de l'embarquement.

Le 13 août, de grand matin, le mouvement

---

[1] Voir à la fin de l'ouvrage.

commence et continue les jours suivans. Mon
régiment, de la deuxième brigade, est trans-
porté, le premier bataillon à bord de *la Ville-
de-Marseille* ; le deuxième, dont je fais partie,
est disséminé sur trois navires marchands. Notre
détachement, composé de sept officiers, cent
quatre-vingt-dix-neuf soldats, plus une canti-
nière, est à bord du trois-mâts *le Colombien*, sous
le numéro 41. Les soins d'installation terminés,
nous attendons impatiemment le signal du départ, donné le 15, à onze heures du matin,
mais suspendu quelques heures après par le
mistral, vent du nord-ouest, dont le souffle impétueux nous tint un jour dans une pénible at-
tente. Ce retard nous façonne à la vie du bord,
que nous trouvons passable pour des approvi-
sionnemens faits à la hâte.

Le 16, avant la chute du jour, un officier
d'état-major du commandant du convoi ordonne
au capitaine d'être *sur un pied*. Le lendemain dès
quatre heures du matin, tout est en mouvement
sur notre caserne flottante. Le chef multiplie
ses ordres; les marins le secondent activement ;
bientôt après le canon de salut se fait entendre ;
le général en chef se rend à bord de *la Ville-de-
Marseille* : aussitôt on signale l'ordre d'appareil-
ler. Postés dans l'endroit le plus favorable, nous

examinons attentivement la scène brillante qui
se déploie autour de nous : les hauteurs de la
grosse-tour, le littoral, sont couverts d'un peuple
nombreux accouru pour jouir d'un spectacle
aussi rare qu'imposant. Favorisés par un temps
superbe et une légère brise du sud-ouest, les
voiles se déroulent, et cinquante-sept vaisseaux
de toutes grandeurs, portant dix mille hommes
d'infanterie, un régiment de cavalerie et deux
cents chevaux d'artillerie, s'avancent à la fois
pour doubler le cap Sépé. Les tambours, les
cornets et les musiques des divers régimens re-
disent noblement nos adieux; cependant, d'ac-
cord avec nos cœurs, la marche lente des
navires prolonge le moment de la séparation.....

17 août. Le vent, à peine sensible, nous tient
en vue des côtes tout le jour et une partie du
suivant. Sur le soir, le tangage du navire produit
sur nos tempéramens inaccoutumés à la mer
l'effet ordinaire; plusieurs d'entre nous, beaucoup de soldats, payent le tribut à Neptune.....
Enfin, le vent fraîchit, il enfle nos voiles. Au
coucher du soleil, les montagnes de France nous
apparaissaient encore : nos regards, constamment
fixés sur elles, expriment un nouvel et dernier
adieu! Le moment est pénible...; demain nous
ne les verrons plus !...

Le navire file cinq nœuds et demi à l'heure
(une lieue trois quarts). Le capitaine, en marin
expérimenté, le maintient au milieu du convoi
pendant le jour, et lui fait gagner la tête à l'entrée de la nuit.

Nous poursuivons notre route à l'aide d'un
temps superbe et d'une brise moyenne. Au réveil, nous découvrons les côtes de la Sardaigne. Il
vente bon frais : la flotte, précédée du brick de
guerre *le Curieux*, dépasse en peu d'heures l'île
Saint-Pierre, les deux rochers du Taureau, de
la Vache, l'île Saint-Antioco, et double avant la
nuit le cap Tavolaro. Le roulis est violent : aussi
nouvelle atteinte du mal de mer.

Entre le ciel et l'eau, la moindre distraction
est une récréation. Une colombe vient se réfu-
gier sur notre *bouc d'artimon* ; sans doute, trou-
blée dans ses amours, la pauvrette espérait peut-
être faire diversion à sa douleur, en quittant les
lieux témoins de son bonheur : une main ennemie
cherche à lui ravir un bien plus précieux ; mais
l'oiseau, averti par un secret instinct, s'envole,
et retourne en des climats plus connus.

La lunette à la main, le capitaine découvre
deux bricks marchands sous pavillon anglais.
Nous courons huit nœuds ; la mer est forte ; les

vagues roulent et s'étendent majestueusement
autour du navire. Plusieurs troupes de jeunes
marsouins nous divertissent par leurs bonds et
leur rapidité à suivre et à devancer le vaisseau :
l'approche de ce poisson est souvent d'un sinistre
augure ; il présage le redoublement du vent, et
quelquefois la tempête. En effet, à l'entrée de
la nuit, le nord-ouest, soufflant avec plus de
violence, rend notre marche supérieure. Nous
saluons à la pointe du jour les côtes de la riche
Sicile, le sommet élevé de l'Etna. Quelques heures après, nos signaux sont aperçus de nos camarades à bord de *la Ville-de-Marseille*, qui
nous rendent aussitôt le salut de la fraternité.
Au milieu du jour, le convoi avance faiblement ;
on met en panne pour communiquer avec un
brick de guerre venant de Navarin, à bord duquel se trouvait le colonel Fabvier. Au coucher
du soleil, le vent reprend de la force ; nous franchissons pendant la nuit le canal de Malte, et à la
sortie, l'écueil supposé d'*Ouvre-l'œil*.

En sortant du hamac, le capitaine nous annonce l'approche des rivages helléniques : il
compte à peine vingt-cinq lieues. Le 28 août, à
midi et demi, nous distinguons parfaitement cette
terre si ardemment désirée : la joie est peinte sur
tous les visages ; une distribution extraordinaire

d'eau potable est aussitôt faite à nos soldats, qui
en usent largement. A trois heures, le convoi est
rallié à environ quatre lieues de terre : ordre de
passer la nuit en panne, et de virer de bord à
minuit. Sur le soir, des feux nombreux couron-
nent la cime des montagnes : ce sont des signaux
faits par l'armée grecque, en réjouissance de
notre arrivée, disent les uns ; sans doute, leur
armée environne celle d'Ibrahim, répètent les
autres..... Pauvres que nous sommes ! la cause
était bien innocente ; de malheureux pâtres relé-
gués sur ces rochers ont l'habitude, à cette épo-
que de l'année, d'incendier les arbustes qui les
couvrent, afin qu'au printemps suivant leurs
troupeaux puissent trouver une nourriture plus
abondante.

Dès la pointe du jour, le convoi se range sous
le vent du commandant. Plusieurs vaisseaux de
guerre stationnés dans le port de Navarin s'a-
vancent à notre rencontre ; l'amiral de Rigny,
monté sur *le Conquérant*, se rend auprès du général en chef, et a deux heures d'entretien avec
lui. Un vaisseau anglais et deux vaisseaux russes
se rallient à l'amiral français ; un feu roulant
s'établit pour le salut des pavillons.

Nous appareillons ; le convoi sous voiles dépasse successivement les villes de Navarin, Mo-

don, les îles Sapience, Cabrera, le cap Gallo,
la petite île Venetico, le cap Blanc, et entre enfin
dans le golfe de Coron. Le pavillon rouge flotte
sur le point le plus élevé de cette ville; les navires passent tour à tour sous le canon de la place
occupée par les Turco-Égyptiens qui accourent
sur les remparts, sans commettre aucun acte
d'hostilité. Nous louvoyons jusqu'au coucher du
soleil; on reste en panne. Une heure après, un
officier de marine ordonne, au nom de M. de
Rigny, de prendre la position indiquée par les
feux du vaisseau amiral. Cet ordre de nuit demande une longue série de mouvemens. A deux
heures et demie du matin, nous jetons l'ancre à
un quart de lieue du rivage.

Oubliant promptement les incommodités du
voyage, notre heureuse traversée semble d'un
bon augure; chacun de nous se félicite et brûle
de prendre terre pour en venir aux mains avec
l'ennemi. Les troupes à bord des vaisseaux de
guerre débarquent les premières; notre tour est
remis au lendemain : l'armée reçoit des vivres
pour deux jours.

31 août. Déposés sur la plage, à deux heures
de l'après-midi, nous prenons position en arrière
du premier bataillon du régiment déjà bivouaqué
sur les hauteurs qui la bordent en divers sens.
Les 16ᵉ et 46ᵉ régimens sont établis sur notre

droite., l'artillerie sur le penchant avancé de
notre mamelon, les quatre compagnies du génie
en arrière sur un autre chaînon, et le train des
équipages au pied de notre position, sur le terre-
plein du rivage. Devant nous, au-delà du ruisseau le Karias, dans une très-belle vallée, les
baraques en feuillage des 8ᵉ, 27ᵉ et 35ᵉ, sont
formées sur deux lignes ; celles du 3ᵉ de chasseurs
s'aperçoivent sur l'alignement, plus à droite du
dernier régiment.

Le quartier-général, à une lieue de l'armée,
sur la route de Coron, près du village de Peta-
lidi, l'ancienne Coronée, gardé par un détachement de cavalerie, et les jours suivans par les
compagnies du génie.

Le même soir, nous apercevons à l'entrée du
golfe une seconde partie de la division, sortie
de Toulon trois jours après nous. Le convoi se
rend le lendemain au mouillage général.

Les premiers jours de septembre sont consacrés au débarquement de la cavalerie, du train
et du matériel. Les bivouacs se consolident ; les
soldats s'abritent ; le service intérieur et extérieur du camp est plus régulier ; les soldats du
génie construisent trois fours de campagne : sous
peu, le pain de munition remplacera le biscuit,
dont nous sommes déjà fatigués.

Quelques Grecs, attirés par l'appât du gain , nous vendent fort cher des raisins, des figues, des pastèques, des courges, et les jours suivans , du mouton et quelques poules qui améliorent de bien peu notre nourriture journalière. Sous le beau ciel de la Grèce, l'enthousiasme, loin de diminuer, s'exalte et inspire la ferme volonté de mettre un terme à l'oppression sous laquelle gémit ce vieux berceau de la liberté. Nous ne rêvons que combats et assauts ; plus d'une fois, la diane nous surprend dans ces brillantes idées: la vivacité de cette batterie, unie aux sons des musiques, excitent encore les nobles sentimens qui nous animent.

Mais la diplomatie Européenne renverse promptement ces trop courtes illusions, que les premières dispositions du général en chef avaient fait naître, en projetant à la fois l'attaque des places de Coron et de Navarin, et en ordonnant le départ des brigades, après une grande revue habilement calculée, pour montrer à quelques chefs grecs ses moyens de victoire. Effectivement, l'assurance de nos soldats, ainsi que leur belle tenue, produisirent une forte impression sur des hommes aux cœurs chaleureux et d'une bravoure à toute épreuve. Dans son enthousiasme, Nikitas ou Nicétas s'écria : « *Avec de tels*

2

hommes, je voudrais faire trembler l'orgueilleuse Stamboul. »

Cependant les 8ᵉ et 27ᵉ régimens quittent leurs lignes pour former le blocus de Coron : ces deux corps serrent étroitement les Égyptiens renfermés dans la place, jusqu'à l'arrivée des ambassadeurs français, russe, anglais, et du comte Capo-d'Istrias, président de la Grèce. Le général modifie ses premières instructions ; il ordonne d'observer l'ennemi et de temporiser.

On nous annonce l'évacuation de la Morée et l'embarquement des troupes d'Ibrahim. Cette nouvelle prend de la consistance les jours suivans, et répand une inquiétude générale dans le camp : le canon, qui devait faire justice des Infidèles, résonne toute une journée pour saluer MM. les amiraux, généraux et ambassadeurs.

Le général Maison voit une seconde fois toutes ses troupes, les fait défiler devant les diplomates, parmi lesquels on ne compte pas sir Strafford-Canning, par suite du mécontentement qu'il a manifesté en apprenant notre arrivée.

Des hauteurs du camp, la vue est magnifique ; devant nous s'étend, en forme d'ellipse,

un golfe superbe : des collines verdoyantes, dis-
posées en nombreux échelons, bornent à droite
l'horizon ; à gauche, l'œil franchit une plaine
immense, pour se reposer sur les hautes montagnes de la Laconie, parmi lesquelles on distingue les cinq sommités du célèbre Taygète qui
servit autrefois de refuge aux Lacédémoniens,
lorsque leur ville fut renversée par un tremble-
ment de terre, que le savant Anaximandre avait,
dit-on, prédit.

Plusieurs d'entre nous s'échappent du camp,
parcourent inutilement des campagnes couvertes de nouvelles ruines : partout des terres
incultes, des arbres déracinés, mutilés ou noircis
par le feu ; quelques habitans déguenillés, pâles
et souffrans, bivouaqués près de leurs toits ren-
versés, tel est l'affligeant tableau qu'offrent aujourd'hui les beaux rivages de la Pirnatza, ancien
Pamissus, près desquels on trouvait autrefois
l'abondance et la paix. Non loin de sa rive droite,
le bourg de Nisi est en ruines ; au-delà de la rive
gauche, sont plusieurs villages dans le même
état, entourés de haies impénétrables d'énormes
figuiers de Barbarie aux raquettes épineuses. Des
palmiers, des oliviers, donnent au pays un
aspect moins triste. Plus loin, au pied des montagnes, premier poste avancé de la liberté, s'é-

lève la citadelle démantelée de Kalamata, où
s'arrêtèrent les dernières atrocités d'un frère
d'Ibrahim. Ce farouche Egyptien, après avoir
incendié cette ville, massacré les habitans, tenta
infructueusement de pénétrer dans les rochers
des Maniotes. « Ces fiers descendans des Lacé-
» démoniens n'ont jamais entièrement subi le
» joug des Turcs ; ils sont divisés en tribus com-
» mandées chacune par un chef qui reconnaît à
» son tour un commandant suprême avec le titre
» de bey du magne. Ce dernier envoyait son
» fils en ôtage à Constantinople, et payait un
» faible tribut annuel au sultan. » Sous des toits
à peine relevés, de nombreuses familles re-
voyaient depuis un mois leurs berceaux détruits,
et vivaient dans une profonde misère. Poussés
par une curiosité indiscrète, nous surprenons de
jeunes filles occupées à filer le coton et la soie,
dont il se faisait une grande exportation avant la
guerre de l'indépendance. Sans le courage de
leurs compatriotes, quelques-unes de ces femmes, d'une beauté remarquable, eussent été
choisies pour peupler le sérail du Grand-Sei-
gneur.

Ne trouvant nulle trace d'antiquités, nous
entrons dans l'église. L'encens fumait encore
sur l'autel ; le papa venait de bénir des osse-

mens nouvellement recueillis, pour être déposés dans un caveau commun qui en renfermait une grande quantité. Ces débris ne nous prouvèrent que trop l'héroïque défense des habitans.

Enfin les deux brigades ont l'ordre de marcher sur Navarin. Le 15 septembre, avant huit heures du matin, par un temps superbe et une chaleur très-forte, nous sortons joyeusement du camp des serpens et des scorpions, ainsi surnommé de la quantité de ces reptiles et insectes qui peuplent ces parages. Le peu d'intervalle mis entre le départ des régimens rend la marche lente ou trop précipitée : des à-coups continuels fatiguent et arrêtent la colonne ; les soldats, pressés d'une soif ardente dans un terrain montueux, se précipitent sur les filets d'eau qu'ils rencontrent, s'arrêtent par bandes dans les bois que nous traversons, et ne rejoignent leur drapeau qu'à la grande halte, et le plus grand nombre dans la nuit.

En quittant les hauteurs du camp, nous pénétrons dans une gorge charmante, arrosée par la petite rivière qui nous désaltérait ; la belle verdure des arbres et des arbustes est encore rehaussée par les fleurs éclatantes du laurier-rose qui croît abondamment dans les endroits frais. Au sortir de ces lieux agréables, nous suivons

une chaussée vénitienne large de quatre pieds,
en si mauvais état que nous en perdons promptement les traces. A travers une route iné-
gale, coupée de vallons, de montagnes et de
bois très-étendus qui nous dérobent l'aspect du
pays, nous arrivons harassés au bivouac de Kombey. Cette position, heureusement choisie près
d'une forêt et d'une rivière, nous dédommage
de la fatigue du jour. Les régimens sont établis
en colonne dans un vaste champ de réglisse :
cette plante, dit-on, dénote l'excellence du
terroir.

Après trois jours de repos, nous abandonnons
les champs de Kombey pour occuper, à deux
lieues de Navarin, le camp de la plage, que les
Egyptiens ont évacué sur la demande impérative
du général. Le tracé d'une redoute couronne le
sommet des hauteurs sur lesquelles nos deux
bataillons sont établis : de ce point culminant
les ruines de Zonchio, l'île Spacthérie, la ville
de Navarin et la haute montagne le San-Nicolo,
s'offrent à nos regards.

Les vaisseaux des puissances coalisées sont à
l'ancre dans la superbe rade, qui, dix mois plus
tôt, à deux jours près, était le champ de bataille
où la flotte turco-égyptienne fut détruite. Ce
combat naval a réellement sauvé la Grèce :

Ibrahim, réunissant ses meilleures troupes, devait, au printemps suivant, attaquer Égine, et exterminer les restes de la population hellénique.

Les jours s'écoulent au milieu des travaux ordinaires d'une nouvelle installation : les fours de campagne, confectionnés, nous procurent moitié pain et moitié biscuits. Notre position physique n'en est pas meilleure; nos esprits, fatigués par les lenteurs de la diplomatie, regrettent déjà la France, quoiqu'il soit reconnu, de l'aveu de l'amiral Malcolm, que, sans notre présence, Ibrahim n'eût jamais consenti à se retirer. Le prince égyptien, après une longue conférence à bord du vaisseau *le Conquérant*, en présence du général en chef et des trois amiraux alliés, signe le traité définitif de sa prochaine évacuation. L'armée arabe, forte de quinze à dix-huit mille hommes, est embarquée le 27 septembre. Vingt-sept navires français sont nolisés pour accélérer son départ, qui a lieu les jours suivans en plusieurs convois.

La brigade du général Schneider, annoncée par la frégate *l'Armide*, arrive très à propos pour renforcer notre petite armée, qui s'affaiblit journellement par le grand nombre d'hommes attaqués de fièvres intermittentes. Un lieutenant du 16ᵉ régiment est la première victime, dont le nombre croît dans une proportion qui attaque le moral de l'armée : il est douloureux de déclarer que les médicamens les plus indispensables ont été oubliés à Toulon. Depuis l'insuffisance reconnue des trois transports désignés pour les malades, l'hôpital de terre, installé sous des tentes dressées sur un monticule entouré d'eau, est un triste refuge pour nos malheureux soldats, qui, campés près des marais, sont soumis à une influence délétère que des travaux faits sans nécessité, des corvées nombreuses et pénibles, les viandes salées, les boissons spiritueuses et la monotonie de leur genre de vie, rendent plus intense.

Nous cherchons à échapper à l'ennui par des courses lointaines : accompagné d'un de mes amis, nous visitons Zonchio, ou le vieux Navarin. Ses antiques murailles, relevées au quinzième siècle par une dame normande [1], forment une enceinte assez bien conservée; l'intérieur ne présente qu'un amas de décombres et de pierres, avec lesquelles chaque Arabe, destiné à la défense de ce poste d'observation, s'était construit un abri en les entassant à une hauteur de trois à quatre pieds. De cette forteresse ruinée, sise sur un énorme rocher battu par les flots, on

[1] Pouqueville.

plane sur une immense étendue d'eau. A l'horizon,
une lueur tout à la fois rougeâtre et brumeuse
nous indique la position de l'île de Cérigo, ancienne Cythère. Le savant Barthélemy et M. Du-
bocage prétendent que ce stérile rocher, séparé
de l'île Spacthérie par un canal assez étroit et
peu profond, est l'ancienne Pylos, séjour de
Nestor.

Nous regagnons le camp en cotoyant la partie
extrême de la rade, qui est couverte de nombreux débris de la flotte turco-égyptienne. Non
loin du rivage, les marins des trois nations,
montés sur des chaloupes, sont journellement
occupés à pêcher les canons en bronze des vaisseaux engloutis, dont ils retirent des sommes considérables.

Nous apprenons qu'il est tacitement permis
aux officiers de voir le camp des Arabes. Curieux
de le visiter, nous y pénétrons à midi : c'est un
spectacle dégoûtant d'ordure et de malpropreté.
Ces malheureux, entassés par quinze et vingt
dans des maisons alignées au cordeau, recou-
vertes de toiles pourries, sont obligés d'être constamment couchés. Plus loin, dans un chemin
creux, bordé de cavités, une autre division y est
bivouaquée depuis plusieurs mois. En proie aux
maladies endémiques d'un climat brûlant, les

ophthalmies les désolent ; les fièvres, la dyssen-
terie, les dévorent. Depuis long-temps rationnés,
une poignée de farine ou de riz est toute leur
nourriture ; pour boisson, une eau bourbeuse
et saumâtre. Véritables spectres ambulans, ils
souffrent sans se plaindre. Au seul nom d'*Ibrahim*, un Arabe mourant se lève, fait deux pas,
et expire !...

Au milieu des embarras d'un embarquement
précipité, nous observons à l'ombre d'une maison des chefs turcs assis à l'orientale, fumant
de longues pipes. Étrangers au mouvement qui
règne autour d'eux, ils parlent à peine, et restent impassibles à notre vue. Près de l'embar-
cadaire, plusieurs officiers de marine donnent
des ordres, et pressent le départ des Arabes.
MM. de Rigny et Malcolm président à l'embarquement, surveillent les commissaires chargés
d'examiner les droits des Grecs, réclamant leurs
enfans que les Turcs veulent leur enlever.
Nous vîmes à cette occasion donner la baston-
nade à deux faux témoins qui eussent infailli-
blement succombé sans la généreuse intervention de l'amiral français. Peu satisfaits de ce tableau étrange, nous regagnons avec plaisir nos
tentes, pour nous préparer à la revue du lendemain.

Le 1ᵉʳ octobre, vers les sept heures du matin,
à notre sortie du camp, deux Arabes fixent notre
attention: c'est le pacha et son interprète Abro.
Le prince, prévenu de la veille par le général
Maison, s'était rendu incognito au rendez-vous.
Le général, aussitôt averti, donne ses ordres:
les régimens sont en bataille, la revue commence. Ibrahim a les honneurs de la journée:
placé en avant du commandant en chef, entouré des trois amiraux suivis d'un nombreux
état-major, il parcourt toute la ligne, l'observe
en connaisseur et avec une certaine dignité.
Vêtu très-simplement, son extérieur est ordinaire; ses yeux sont petits, vifs et perçans; il est
d'une force remarquable, quoique d'une petite
taille. Secouant les préjugés de sa nation, il cherche tous les moyens d'améliorer la discipline de
ses Arabes, qu'il a enrégimentés à l'Européenne.
Le prince, enchanté du coup-d'œil nouveau d'une
revue de troupes françaises, témoigna vivement
sa satisfaction au général, plus particulièrement
encore au colonel du 3ᵉ chasseurs, qui avait fait
exécuter à son régiment diverses manœuvres.
Après la revue, M. de Faudoas envoie au prince
un équipement complet de chasseur. Ce dernier
répond à cette galanterie en priant le général
Maison de remettre son sabre à cet officier supé-
rieur. Le présent est estimé mille écus.

Aussitôt après le départ d'Ibrahim, l'attaque des places de Coron et de Navarin est fixée au 6 courant. Au jour désigné, le 16ᵉ régiment, chef de tranchée, s'établit le plus près possible des remparts de cette dernière ville. Le maréchal-de-camp Higonnet somme le commandant turc de se rendre, et le menace à haute voix de faire sauter les portes s'il ne les lui ouvre à l'instant même. Point de réponse. Les sapeurs du génie se mettent à l'ouvrage; on les laisse faire. Le général tourne la citadelle, et s'approche jusqu'au pied d'une ancienne brèche praticable. Nouvelle sommation. Silence absolu de la part des Turcs. Alors, n'hésitant plus, le chef de brigade Higonnet, suivi de plusieurs officiers supérieurs, d'un détachement de sapeurs, d'une compagnie de voltigeurs, donne le signal de l'assaut : tous s'élancent à la fois, et atteignent le sommet de la muraille. A leur approche, des officiers turcs, armés de petits bâtons en ébène, éloignent leurs soldats. Les Français les suivent, et arrivent en même temps dans l'intérieur de la citadelle. La place est prise sans un coup de fusil tiré.

Le lendemain, Modon, ville mieux fortifiée, et garnie d'un matériel considérable, ouvre ses portes au 35ᵉ régiment et aux équipages des vaisseaux français, anglais, *le Breslaw* et *le Weles-ley*, après un assaut semblable!

Le commandant de Coron repousse une tenta-tive d'escalade, en faisant pleuvoir une grêle de pierres sur les sapeurs du génie occupés à placer les échelles, et ne consent à capituler qu'après s'être assuré de la soumission de ses deux collè-gues. On dit qu'Ibrahim, avant son départ, avait fait jurer aux Turcs renfermés dans les trois places, de n'opposer aucune résistance aux Fran-çais; seulement, pour sauver les apparences, ils se sont laissé prendre d'assaut. Les musulmans, avec des munitions avariées, manquant de vivres et abandonnés de leur gouvernement, ont agi sagement en se rendant au général Maison, qui leur a accordé une retraite honorable. Toutefois, cette manière de faire la guerre était nouvelle pour nous.

Un ordre du jour du 10, communiqué le 12, prescrit dans chaque régiment l'organisation de deux compagnies de cinquante malades ou con-valescens, réunies en bataillon; elles formeront les garnisons des places tombées en notre pou-voir, tandis que l'armée marchera sur Athènes. Cette heureuse nouvelle répand dans le camp une satisfaction générale, de trop peu de durée, par l'arrivée subite des dépêches ministérielles qui commandent impérativement de se renfermer dans les limites du traité du 6 juillet 1828.

Le 14 octobre, la corvette l'*Oise* met à la voile pour France, ayant à bord le fils du général en chef, porteur des dépêches qui annoncent au roi la reddition des places de Coron, Modon, Navarin et Patras. Une seule est encore au pouvoir des Turcs, le château de Morée. La garnison, résolue de se défendre, rejette les propositions du général Schneider; ce dernier investit la place, et se prépare à ouvrir la tranchée en attendant les pièces de gros calibre. A cette nouvelle, le général Maison, qui nous avait d'abord assigné de nouveaux quartiers, ordonne aux 16ᵉ, 46ᵉ et 58ᵉ régimens de se tenir prêts à partir. Les premiers bataillons de ces deux premiers corps, ainsi que tous les malades, seront embarqués pour se rendre par mer à Patras.

Le 20, à sept heures et demie du matin, le signal du départ est donné : officiers, soldats, s'éloignent avec joie des lieux qui, pendant un mois, ne leur ont offert qu'une triste pensée ; au lieu de combats, les fièvres !... Nous longeons

les bords de la mer, à une lieue et demie de distance, et, sur notre droite, dans un plus grand
éloignement, la longue chaîne des monts Olénos.
L'aspect du pays change en avançant; il nous
offre des champs jadis cultivés, plantés de nombreux oliviers. Le cyprès pyramidal, remarquable par sa haute uniformité, indique les habitations ruinées de Gargagliano, près desquelles
nous arrivons sans beaucoup de fatigues, après
avoir parcouru quatre lieues de pays. Ce village
était bâti sur une colline, dont la pente chargée
d'arbres de toute espèce précède un vallon
délicieux, arrosé par la fontaine Kanalos, dont
les eaux se perdent dans la mer, en face de la
petite île de Prodano ou Proté. Le 3ᵉ de chasseurs bivouaque sur le versant méridional de
cette agréable position. Postés plus en avant,
perpendiculairement à la route de Patras, nous
nous établissons dans un champ d'oliviers; nos
cabanes sont faites avec les branches de lentisque : cet arbuste forme les haies de séparation,
et remplace l'aubépine de notre France. La
tente du général Higonnet est dressée dans des
vignes, au centre de la ligne formée par nos deux
bataillons.

Le lendemain, à six heures et demie, nous

marchons plus légèrement au milieu d'une longue plaine couverte de pins, de myrtes sauvages et d'arbousiers, dont le fruit rouge n'est pas désagréable au goût; l'azur du ciel se reflète dans la mer, que nous apercevons à un demi-mille à gauche, et trace de ce côté un immense horizon bleuâtre, tandis qu'à notre droite la chaîne des monts Olénos, entièrement démasquée, nous présente une masse énorme d'arides rochers. Nous franchissons le Longo-Bardo, rivière encaissée et profonde. Un repos de dix minutes a lieu près d'une petite baie, l'ancienne Platomédès, où nous trouvons trois caïques Zantais au mouillage. La colonne en marche traverse une seconde rivière, puis un bois d'oliviers symétriquement plantés, et arrive par un sentier montueux au village de Philiatra, véritable bosquet d'orangers et de citronniers, où elle se repose une heure. Les habitans sortent de leurs maisons délabrées, se pressent autour de nous, et observent en silence notre ordre de route. Nous remarquons plus particulièrement sur les physionomies des femmes une expression générale de tristesse et de souffrance : quelques-unes sont très-jolies. En quittant ces lieux charmans, les montagnes disparaissent à droite, et ne se montrent que dans une direction plus éloignée.

nous descendons dans un vallon arrosé par le
Philiatro-Nero. Nous passons un pont et distinguons de temps à autre, à droite et à gauche,
des deux côtés du chemin, des villages détruits;
le terrain est un sable rouge, rempli d'arbousiers et de lentisques. Nous nous rapprochons
de la mer, et à une heure de distance de la
grande montagne appelée Mallia ou Mali-Agiani,
peut-être Agios-Elias, la plaine est couverte
d'oliviers. Il est cinq heures du soir. Nous comp-
tons derrière nous sept lieues de pays, et les
deux bataillons sont rangés en bataille sous Arcadia. Cette ville, fermée de tous côtés par des
montagnes escarpées, assise sur une pente rapide, était chef-lieu de canton et siége d'un évêché métropolitain, avec trois suffragans : on y
voit un fort abandonné, ouvrage des Vénitiens,
probablement construit sur l'emplacement de
l'ancien château de Cyparissia. La cavalerie passe
la nuit en avant de la ville, sur les bords de la
Kanala; le général s'arrête à la fontaine Ettia,
près de deux chapelles ruinées. Établis derrière
lui sur deux lignes, nos bivouacs sont promptement disposés et les feux allumés.

Le 22, le régiment, sous les armes à six
heures du matin, s'ébranle, gravit un chemin
escarpé, et atteint les premières maisons de la

ville. Les habitans, réunis sur le seuil de leurs
portes, nous saluent et nous bénissent. Arrivés
sur les bords du Boutzi (l'ancienne Méda, autrefois limite de la Messénie et de l'Élide), nous
trouvons un pont sans eau : des amas de sable
ont changé le lit de cette rivière, et nous obligent
de la passer à gué. Nous marchons long-temps
sur les bords sablonneux de la mer. Rentrés sur
un terrain plus ferme et parfois ombragé, la
grande halte a lieu près de la rivière de Strobitzi,
que nous passons sur un pont d'une seule arche :
sa construction est bizarre. Nous traversons une
plaine de quatre lieues, terminée par une longue
forêt de pins, au sortir de laquelle nous franchissons le Derveni de Kledi (ou passage de la clef)
sur une chaussée étroite, en très-mauvais état,
baignée par les eaux stagnantes d'un marais. La
lune éclaire nos dernières heures de marche ; et
nous montre par intervalles des ombrages épais,
et le Derveni, corps-de-garde bâti sur un roc
isolé. Nous atteignons seulement à dix heures du
soir le bivouac de Zorypheo. Le régiment se forme
en bataille parallèlement à la route : le général
occupe le centre, et la cavalerie se porte plus en
avant, près d'un ruisseau. Cette journée de onze
lieues de pays met nos soldats à une rude épreuve :
beaucoup ne rejoignent leurs compagnies que
vers le milieu de la nuit ; quelques-uns restent

en arrière pour ne plus reparaître... un homme
de ma compagnie est de ce nombre. Malgré mes
démarches auprès des autorités grecques, j'ai
toujours ignoré ce qu'il était devenu.

Le 23, à sept heures, le tambour bat et règle
notre marche : les fatigues de la veille rendent
cette mesure nécessaire. Nous côtoyons d'immenses étangs peuplés de canards sauvages ; des
Grecs montés sur des barques semblent occupés
à la pêche ; devant nous une montagne superbe
se dessine à l'horizon ; à droite, des rochers
couverts de pins nous offrent un paysage agreste :
toute cette partie montueuse, comprise dans
l'Élide, était appelée Tryphylie. De belles vignes précèdent le bourg d'Agolinitza, que
nous traversons au milieu des habitans accourus
sur notre passage pour entendre la musique. En
moins d'une heure nous sommes rendus sur les
bords du Rouphia, ce sensible Alphée, dont
les ondes allaient se mêler aux eaux limpides de
la fontaine Aréthuse. Aujourd'hui cette rivière,
large, rapide et profonde, couvre de ses débor-
demens annuels, dans la saison des pluies, une
grande partie des terres qui l'avoisinent, et forme
des marais fétides. Les deux bataillons en colonne par division se serrent en masse ; officiers

et soldats se déshabillent, et par compagnies suc-
cessives passent le fleuve, ayant de l'eau au-dessus
de la ceinture. Nous découvrons Pyrgos, située
au milieu d'une plaine immense, entre l'Alphée
et un rideau de montagnes dont les pentes adou-
cies, chargées d'arbres et de villages, s'étendent
très-avant vers l'est. A quatre heures de marche
de cette ville, dans les gorges de Lala, à cin-
quante-cinq pas géographiques du mont Saturne,
du côté du fleuve, on trouve les ruines d'Olympie-
Pise, renommée, dans les temps heureux de
la Grèce, par le magnifique temple de Jupiter-
Olympien, et par les jeux qui s'y célébraient.
Les habitans des diverses provinces accouraient
en foule à cette solennité ; les vainqueurs des
différentes joûtes recevaient pour récompense
une couronne d'olivier. Quel sujet de médi-
tation ! Ces vastes plaines, autrefois couvertes
d'un peuple nombreux dont les accens joyeux
montaient jusqu'au cieux, sont aujourd'hui incultes, désertes, et à peine foulées par quelques
malheureux échappés aux ravages d'une guerre
terrible, pour ne savoir encore où abriter leurs
têtes... Nous entrons à trois heures dans cette
ville, qui, avant la guerre et depuis les désastres
de Gastouni, était devenue la plus belle comme
la plus commerçante de la Morée, par sa proxi-

mité égale de la mer et de l'Alphée : on y comptait une population de huit à dix mille âmes ; aujourd'hui ces mille maisons et deux belles églises n'offrent que des débris... Bivouaqués sous des mûriers, nos soldats reviennent de la provision chargés de légumes et de volailles ; nous fêtons ces précieuses trouvailles au repas du soir, et les arrosons d'un petit vin grec, dont le bouquet eût été plus agréable sans un goût prononcé de résine. Nous oublions un instant les misères dont nous sommes entourés, pour offrir un tendre souvenir à nos parens et à nos amis.

Le 24, sortis de Pyrgos à sept heures, nous arrivons assez lestement au pied des dernières collines qui ferment la plaine. Nous parcourons d'abord un terrain uni et découvert, et traversons successivement des rivières et des ruisseaux : nous rencontrons le village de Mésalongaki ; à plusieurs lieues, sur notre gauche, le château de Gastouni apparaît à nos yeux ; nous atteignons le village de Palæo-Polis : une ruine romaine s'élève sur l'emplacement de l'ancienne Elis, fondée sous les auspices de Jupiter-Olympien : le Xyste, l'Hippodrôme, le temple de Minerve, les autels d'Achille, ont disparu ; il n'existe pas trace de ces derniers monumens.

Une lieue plus loin, à trois heures du soir, ayant de l'eau jusqu'à mi-jambe, nous passons le Pénée-Eléen (*Potami-tou-Gastouniou*), ou rivière de Gastouni. Le terroir aride, inculte, ne présente qu'un coup-d'œil triste jusqu'à Dragano, misérable village, où nous bivouaquons, après une marche de huit lieues. Le premier bataillon, sur une ligne, est placé non loin des restes d'un aqueduc vénitien ; notre bataillon, par compagnies détachées, s'établit sur un terrain favorable ; le général est campé plus en arrière ; la cavalerie, sur notre droite, se range sous des mûriers.

Le 25, le départ a lieu à la même heure que les jours précédens ; nous parcourons un terrain marécageux et boisé, sans rencontrer aucun village. Après la grande halte, nous entrons dans une forêt de chênes, parmi lesquels croît abondamment le superbe ægylops ou vellanide. Son fruit, cuit sous la cendre, servait de nourriture aux premiers Pélasges. A quatre heures du soir, nous terminons une journée de sept lieues de pays, en prenant position en arrière de la rive gauche de la Mana (Mère), près d'un autre aqueduc, et non loin du village d'Ali-Tcheleby. Un chêne magnifique nous sert de tente ; les

feux de la cavalerie brillent en avant de la rivière, sur la lisière d'un bois.

Le 26, à sept heures, nous franchissons tour
à tour la même rivière, et marchons sur deux
rangs dans les profondeurs d'une seconde forêt,
où nous entrevoyons quelques misérables cabanes habitées, et un troupeau de porcs sauvages
de l'espèce antique. Nous sommes agréablement
surpris de trouver, à l'issue de cette forêt, les
bords du golfe de Patras; la citadelle nous apparaît à l'extrémité d'un demi-cercle formé par
les sinuosités du rivage : sur notre droite, nous
voyons une maison assez vaste, en partie détruite, à demi-lieue de la Caménitza, rivière profonde que nous passons sur un pont de bran-
chages fait par nos sapeurs. La colonne s'arrête
sur une hauteur: chacun se réunit à son camarade pour achever de faibles provisions; une eau
excellente alonge le vin grec, notre dernière res-
source, et une libation sans mélange termine le
frugal repas. La vue de la ville nous fait reprendre gaîment nos rangs : il semble que nous de-
vons y être rendus en peu d'heures; mais les
nombreux détours de la côte, la belle rivière la
Leuka, ancien Glaucus, et une infinité de torrens qui nous barrent le passage, ralentissent

notre marche ordinaire : il est presque nuit lorsque nous arrivons sous les murs de la place, très-
fatigués d'une course de neuf lieues. Le régiment, en ligne-face à la route du château de
Morée, forme les faisceaux, et bivouaque dans
une plaine où il ne trouve point de bois pour se
préserver des fraîcheurs de la nuit : il est aussi
très-difficile de se procurer des vivres frais. Moins
malheureux que nos soldats, les officiers du
Breslaw, qui avaient pressenti notre détresse,
accourent à notre rencontre, suivis de marins
chargés de pain blanc, et le distribuent à ceux
d'entre nous qu'ils connaissent plus particulièrement. Ce présent inattendu, qu'ils renouvelaient
pour la seconde fois, nous est d'un grand secours.

Le 27 octobre, dès six heures du matin, les
deux bataillons prennent les armes : le colonel,
entouré du corps d'officiers, s'empresse de proclamer, « qu'heureux d'avoir l'honneur de nous
» commander, il regardera comme un devoir de
» solliciter les récompenses méritées, persuadé
» d'avance de la bravoure que chacun déploiera
» pour soutenir la bonne réputation du 58ᵉ. »
Nous marchons avec joie vers l'endroit où le
canon nous appelle. A neuf heures, un voyage
de cinquante-trois lieues est terminé. S'il ne nous

a pas procuré toutes les jouissances que nous promettait notre imagination exaltée par le souvenir d'un pays aussi célèbre, nous y avons du moins acquis la connaissance parfaite des lieux, et nous nous sommes convaincus de la bonté d'un terroir qui, sous la main mieux dirigée de ses braves défenseurs, deviendra une source inépuisable de richesses et de bonheur.

Le régiment dresse ses tentes sur les hauteurs qui bordent la plaine où s'étend le camp de la troisième brigade, infanterie, cavalerie et génie. A bonne portée de canon de ce dernier camp, sur un cap anciennement nommé Rhium, est situé le château de Morée, dont les fortifications présentent de notre côté un ensemble respectable. Les Turcs veulent, pour sauver leurs têtes, obtenir les honneurs de la guerre; ils tirent de temps à autre quelques coups de canon, sans faire aucun mal : leurs coups de fusil sont plus sûrs; une grêle de balles tombe sur les moindres signes apparens de nos tranchées, qui ne sont plus qu'à quarante toises de la place. Nos soldats, ayant trouvé une terre facile à remuer, et les anciennes lignes du dernier siége, ont achevé leurs travaux en neuf jours. La batterie de brèche, décorée du nom des rois de France et d'An-

gleterre, doit être découverte sous deux fois
vingt-quatre heures; en attendant, on perfec-
tionne les derniers ouvrages; le feu de nos batteries, devenu plus vif, a faire taire celles de
l'ennemi; seulement de temps à autre des coups
de fusil partent à la fois des tranchées et de la
place. Chaque brigade fournit journellement un
bataillon de service par rang de régiment: le premier bataillon, commandé par le colonel, avait
accompli son tour le 28.

Le 29, ma compagnie est destinée à servir
auxiliairement la quatorzième d'artillerie de la
batterie Georges IV. Le lendemain, de tranchée
avec ma première section, nous quittons le camp
à trois heures du matin; à quatre, nous sommes
rendus au poste. Les canonniers ouvrent silen-
cieusement les embrasures, et se disposent au
combat. Placés à une si petite distance des remparts, nous entendions distinctement le cri des
sentinelles turques : les pauvres diables étaient
loin de prévoir le terrible réveil que nous leur
préparions; vingt-cinq pièces de gros calibre,
six de campagne, quatre obusiers et plusieurs
mortiers, plus une bombarde anglaise, sont nos
élémens de destruction. Il est six heures; le plus
grand calme règne dans la tranchée: chacun de

nous attend le signal ; une fusée le donne aux
batteries éloignées ; à six heures et demie, une seconde nous avertit de faire feu. Nos treize pièces
de 24, 18 et de 16, ne forment qu'un seul coup ;
dès ce moment, jusqu'à neuf heures, le tir est
continuel, et les brèches sont praticables. L'ennemi épouvanté arbore le pavillon blanc et se
rend à discrétion. Trois chefs turcs arrivent près
du général en chef, qui leur dicte ses volontés.
La garnison, forte de six cents hommes désar-
més, sera embarquée pour être reconduite où
elle le désirera. Le matériel et les munitions ap-
partiennent de droit aux vainqueurs.

Une heure avant leur reddition, plusieurs de
nous, étonnés du silence des Turcs, grimpent sur
l'épaulement, et s'amusent à les voir courir autour des remparts. Notre longue témérité ré-
veille l'ennemi: d'une demi-lune, il nous fait un
feu roulant de mousqueterie qui nous force à
rentrer dans le boyau. Un canonnier tombe griè-
vement blessé ; un soldat du train est atteint légèrement à l'oreille, et un sergent de ma compagnie ne doit la vie qu'à trois pièces de cinq
francs qu'il avait dans sa poche frappée par
une balle. A midi, nous rentrons au camp très-
fatigués.

Ce siége termine l'historique militaire de l'expédition française de Morée ; son rôle tout pacifique se bornera à une longue occupation, tandis qu'une distance de neuf cents toises nous sépare d'un ennemi aussi mal armé, aussi découragé que ses frères vaincus. Nous assisterons à la prise du château de Roumélie, de la ville de Lépante, comme à un spectacle que nos heureux compatriotes vont voir chez Franconi. De côté et d'autre un simulacre d'attaque et de défense ; puis enfin une chute inévitable, depuis long-temps préparée par l'insouciance et l'imprévoyance inconcevable des pachas.

Cependant notre jeune et faible armée brûlait d'ardeur : chaque corps a rivalisé de zèle dans les différentes démonstrations faites d'après les ordres du général en chef. La marine nous a également secondé de son mieux : transport de troupes, embossage de ses vaisseaux sous les murs de Navarin, Modon et Coron. Dans le simulacre d'assaut tenté à Modon, deux militaires furent principalement remarqués à l'escalade de cette dernière forteresse, dont les murailles élevées présentaient des difficultés. Notre pavillon fut simultanément planté sur deux points différens par un officier du 35ᵉ et un marin du *Breslaw*. Ces braves demandaient une résistance

digne de leur courage!... Mais telle n'était pas
notre destinée ; la mort devait se présenter au-
trement que sous les lauriers : des fièvres intermittentes et cérébrales éclaircissaient journellement nos rangs, et prenaient indistinctement ses
victimes dans les différentes armes. Quantité de
nos soldats, plusieurs officiers, l'espoir de la patrie, reposent sur la plage de Navarin, dans les
plaines et sur les hauteurs de Patras !...

Les journées qui suivent la prise du château
de Morée n'ont rien de remarquable ; les troupes
sont employées au désarmement des tranchées et
au déblaiement de la place.

La brigade qui avait reçu l'ordre de retourner
par terre à Navarin le 2 septembre, est forcée
par le mauvais temps de se loger militairement
dans les masures turques de Patras. Une maison-
nette recouverte en tuiles, haute de neuf à dix
pieds, large de huit et longue de douze ; un foyer
sans cheminée, de sorte que la fumée s'échappe
par le toit entr'ouvert, ou vous aveugle, si le
vent est contraire ; d'un côté, des couvertures, des
oreillers bariolés et un coffre ; de l'autre, une
natte roulée, renfermant de la paille de maïs,
trois porte-manteaux, des sabres ; dans le fond,
vers la porte, deux fusils, deux sacs de peau, et

différens ustensiles de ménage : telle est la disposition de notre emménagement, indiquant assez
bien les divers habitans qui sont trois officiers,
deux soldats français, un Grec et sa vieille mère;
quatre autres femmes, sœurs et petites filles, sont
nos commensaux pendant le jour; la nuit, un
voisin leur donne l'hospitalité.

Le costume des Grecs des deux sexes est trop
connu pour être décrit : celui des femmes favorise leurs grâces nonchalantes, lorsque, négli-
gemment étendues sur leurs divans, elles se
livrent au charme de la conversation. Une mous-
seline très-fine recouvre la plus belle partie
du corps des jeunes filles; le sein, généralement découvert chez les autres femmes, présente un aspect qui est loin de faire naître les
désirs; elles ont conservé l'ancien usage de mettre du rouge et des fleurs artificielles dans leurs
cheveux; deux longues tresses nattées tombent
sur leurs épaules; deux autres, quelquefois d'em-
prunt, forment turban, et tiennent une petite
calotte rouge appelée féci, qui fait merveilleu-
sement ressortir une belle figure. L'habillement
des hommes, remarquable par la chlamyde des
anciens, en poil de mouton ou en serge, est
trop souvent d'un luxe outré et même efféminé;
mais infiniment plus gracieux que notre sombre

vêtement européen. Celui des palikares, ou militaires irréguliers, est le même, sauf leur ceinture de maroquin ou cuir rouge, brodée en or,
contenant leurs pistolets et le terrible yatagan.
Les chefs se distinguent par la richesse et la
beauté de leurs armes. La coiffure des Grecs est
nationale : le large féci entouré d'un mouchoir
de soie ou façon cachemire ; tous portent mous-
taches, rasent les favoris et le derrière de la tête,
à partir des oreilles jusqu'au cou, tordent et re-
lèvent la longue et épaisse touffe de cheveux
qu'ils conservent sous leurs bonnets. Il serait
peut-être trop cruel de supposer que les Turcs
eussent forcé leurs ancêtres d'adopter une mode
qui favorisait si bien leur tyrannie sanguinaire.
Le caractère des Grecs offre une ressemblance
générale : beaucoup de finesse dans le langage,
infiniment d'intelligence et d'esprit naturel, une
tournure dégagée, de l'aisance et même de la
noblesse dans les manières ; entre eux, une
grande familiarité, tempérée par le regard fier
et hautain des principaux chefs ou riches habitans.

Les femmes filent le coton, la soie, et s'occupent exclusivement de tous les détails du ménage :
les hommes, habiles commerçans, sont avides
de nouvelles ; habitués au *far niente* des Italiens,

íls se délectent en prenant du café et en aspi-
rant la fumée d'un tabac excellent.

Les deux sexes aiment la propreté extérieure :
nos jeunes femmes y mettaient souvent une sorte
de liberté que nous fûmes forcés de réprimer.

Leur rite religieux est une suite de pratiques
communes et sans dignité, qui donnent une
mince idée du bas clergé, que l'on dit peu instruit
et conséquemment superstitieux.

Néanmoins ce dernier exerce un puissant em-
pire sur le peuple, et le conservera aussi long-
temps que ses membres seront dépositaires des
actes de l'état civil, et qu'à ces fonctions ils ajou-
teront celles de notaire, qu'ils remplissent à la
lettre avant de célébrer un mariage. Dès qu'un
engagement de ce genre est convenu, les clauses
du contrat arrêtées, la cérémonie a lieu chez
l'un des contractans ; le papa s'y rend en habits
sacerdotaux.

A l'extrémité de l'appartement le plus spa-
cieux, le plus élégant de la maison, sous un
trône richement décoré, est assise la jeune
femme, couronnée de fleurs, revêtue de ses plus
belles parures ; près d'elle, sur un coussin, le

futur ; les parens, les amis, saluent tour à tour
la mariée. Celle-ci, avec une impassibilité remarquable, baise la main de chacun et la porte
à son front. En se retirant, le convié s'assied à
l'orientale, selon son sexe, à l'un des deux cercles
formés en avant des époux.

Le papa donne la bénédiction nuptiale, pré-
side à l'échange de l'anneau, et le premier commence les chants d'allégresse, alternativement
répétés en chœur par les différens groupes.

Un banquet splendide, composé de viandes
rôties, de moutons entiers, d'une infinité de su-
creries et de fruits secs, satisfait l'appétit des
personnes de la noce ; les vins de Chypre et de
Malvoisie augmentent la joie générale ; les jeux,
les danses se prolongent jusqu'à la nuit, signal
de la retraite. Les parens conduisent en pompe les
nouveaux mariés jusqu'à leur chambre, et leur
rendent une liberté impatiemment désirée.

Le lit de repos est un tapis, sur lequel on dispose à l'avance deux oreillers et deux couvertures. Les époux ne quittent point leurs
habits de fête ; la femme ôte seulement sa tunique
ou seconde robe.

4

Après une année de mariage, si les époux veulent rompre leurs liens, et ils se présentent devant le papa qui les a unis, et lui exposent leurs griefs : s'il y a défaut de sympathie, impuissance ou adultère, ce dernier prononce le divorce, et les plaignans sont libres de se remarier. Les époux désunis peuvent se réunir et contracter un nouvel hymen, mais toujours avec l'assentiment du même papa.

Raconter ce dont on a été témoin, sans altérer la vérité, présenter des usages différens aux nôtres, dans l'espoir d'intéresser le lecteur indulgent, et d'offrir à l'observateur des moyens de comparaison, tels sont les motifs déterminans d'un récit tout opposé au précédent : naguère la joie, en ce moment les larmes.

Chaque ville possède une bière commune à tous les habitans : c'est un brancard haut de quatre pieds, dont la boîte est faite en forme de berceau ; les côtés sont de petites planches séparées de distance en distance, et soutenues dans leur longueur par une traverse, de manière que l'on puisse voir de tous côtés l'objet qui y est déposé.

A peu de distance de notre habitation, un

jeune homme vint à mourir. Paré de ses plus riches habillemens, il fut exposé vingt-quatre heures : on plaça auprès de lui du sel, du pain et d'autres alimens. Pendant tout ce temps, les voisins vinrent différentes fois lui demander en sanglotant pourquoi il les avait quittés : chéri de ses nombreux amis et possédant toutes les choses nécessaires à la vie, qu'avait-il à désirer?

A l'heure prescrite, le papa en tête donne le signal, et le convoi se rend au champ du repos. Là, on dépose le corps dans une fosse peu profonde, la tête appuyée sur un coussin. Pendant les chants et les prières du papa, un parent s'approche du défunt, et lui renouvelle encore les mêmes questions : pourquoi nous abandonner, te séparer de ceux qui t'aiment tendrement? Entends nos pleurs et nos sanglots... partage, avant de nous quitter, le repas de famille : on a toujours besoin de prendre plus de nourriture avant d'entreprendre un long voyage... Une personne avait eu mission d'apporter du pain et du vin. Les provisions consommées, les parens l'embrassent; l'un d'eux place auprès de lui une pièce de monnaie, et on le recouvre de terre.

Le Grec commence et termine sa journée par

de nombreux signes de croix et des prières accompagnées de salutations. Sa nourriture journalière est très-frugale : des olives, du poisson, et du pain de maïs horriblement mal fait. La misère a été tellement grande, que de pauvres femmes ont été réduites à vivre pendant dix-huit mois de racines et de mauves.

Un chef des troupes irrégulières, parent de notre vieille hôtesse, séjourne parmi nous pendant quinze jours, et partage le frugal repas de la famille. Autour de deux petites tables rondes chargées de poisson frit et de pain de maïs, se groupent à la turque la grand'mère, son fils, la fille aînée et l'étranger; la sœur cadette, les deux petites filles et le suivant du palikare prennent place autour de la seconde. Cet ordre régulièrement suivi annoncerait une gradation fondée sur le respect dû au chef de famille. Le Grec d'aujourd'hui a conservé l'antique vertu de ses ancêtres, la pratique d'une généreuse hospitalité, et celle non moins admirable d'une vénération profonde pour les vieillards, dont les décisions sont des lois. Faute d'interprète, nous étions réduits aux signes et à l'examen de ce qui se faisait sous nos yeux; mais ce chef paraissait nous voir avec plaisir, et était tout aussi curieux d'étudier nos usages.

Le silence du général Maison nous tient toujours sur le qui vive : cependant, ne voyant encore aucune apparence de départ, réjoui par l'éclat d'un soleil brûlant pour la saison, je m'élance de bonne heure dans les superbes campagnes qui font suite à nos ruines. A travers un terroir excellent, j'arrive aux masures du village de Kalandritza. Un jeune paysan grattait la terre plutôt qu'il n'ouvrait un sillon. De longues digues élevées pour préserver les récoltes des ravages des torrens, de vastes enclos entourés de murailles en partie tombées, indiquent encore de riches propriétés. Je foule de mes pas incertains les débris amoncelés du monastère abandonné de Saint-Jérôme, où je jouis d'une vue admirable. Derrière et autour de moi le mont Voda, l'ancien Panachaïcon, domine et enveloppe une plaine de quatre lieues, et étend sur ma droite un contrefort sur lequel s'élève une citadelle de construction vénitienne. J'aperçois les flèches aiguës de quelques minarets, le dôme lourd et épais d'une mosquée où souffrent et expirent nos soldats ; çà et là des cabanes aux toits larges et plats, des monceaux de pierres, partout des décombres, des inégalités, et enfin un groupe de maisons qui se nomme Patras ; au-delà, une mer d'azur sur laquelle se balancent nos vaisseaux de France, au milieu des nombreux bateaux

grecs; un golfe superbe et immense, à l'extrémité duquel on distingue les sommités des montagnes de Céphalonie et d'Ithaque. Je poursuis
ma promenade, guidé par le tuyau brisé d'un
aqueduc moderne : je découvre au milieu d'un
large ravin les ruines d'un second aqueduc construit par les Romains. Je gagne lentement le
sommet des hauteurs nommées Scala-Vouna ;
assis sur le mamelon le plus avancé, je con-
temple les montagnes qui ferment le golfe du
côté de l'Étolie : la première est l'énorme Kakis-
cala (le Taphiasus des anciens), d'où s'élèvent
des émanations fétides, comme du temps de
Strabon. Calydon était à trois milles dans l'intérieur des terres, aujourd'hui Kabro-Limné ;
plus à l'ouest, la magnifique Galata, l'ancienne
Chalcis ; et au-delà des bouches de l'Evenus, le
Phidari ou Ophitari, je cherche à découvrir la
célèbre et trop malheureuse Missolonghi.

Patras, chef-lieu de l'Achaïe, résidence d'un
pacha à trois queues, aujourd'hui préfecture,
évêché métropolitain avec quatre suffragans,
fut fondée, sous le nom d'Aroë, par Eumelle,
à qui Triptolême avait appris l'art de bâtir et
d'ensemencer la terre, et fut ensuite agrandie et
fortifiée par Patræus, qui lui donna son nom.

Elle fut dévastée par des guerres continuelles ; mais Auguste, séduit par la position de cette place qui s'étend en amphithéâtre à peu de distance de la mer, et prévoyant les ressources qu'elle pourrait offrir à ses flottes et au commerce, en fit relever les murailles après la bataille de Nicopolis. Une colonie d'Etoliens fut destinée à la peupler ; elle fut embellie de temples magnifiques, de portiques, d'un théâtre et d'autres monumens, tandis que le rivage était bordé d'édifices consacrés aux divinités de la Grèce et de l'Achaïe. Une infinité de tronçons de colonnes sont placés dans les fondations de la partie nord-est des remparts de la forteresse ; un torse colossal et une tête de Jupiter d'un beau modèle se trouvent encore dans la muraille sud-ouest ; des corniches d'ordre ionique, des frises et une tête de lion fort bien sculptée, sont enchâssées dans les murs du réduit principal. A un mille de distance de la citadelle, on trouve sur la grève les ruines de l'église de Saint-André : les prêtres grecs ont préservé du vandalisme turc le tombeau de ce saint, qui est en grande vénération dans le pays. On prétend que son ombre se fit voir, à la bataille de Lépante, aux chrétiens ligués sous les ordres de don Juan d'Autriche. On trouve près de l'église, dans un

souterrain, le puits de Cérès, cité par Pausanias :
c'était une fontaine que l'on venait consulter sur
l'issue des maladies ; ce que l'on faisait en sus-
pendant un miroir avec une ficelle : le derrière
du miroir touchait l'eau, et la glace nageait des-
sus ; on y regardait alors, et l'on y voyait différentes images, selon que le malade devait guérir
ou non.

Lorsque la Grèce prit les armes, les habitans,
dirigés par leur archevêque, le célèbre Germa-
nos, l'un des plus grands caractères de ce pays,
levèrent, en 1821, l'étendard de la liberté.
Dignes d'un meilleur sort, ils succombèrent
sous les attaques réitérées des musulmans, qui,
non contens de les avoir expulsés et massacrés,
rasèrent la ville en 1826. Cet acte de barbarie
fut ordonné par Joussouf-Pacha, l'un des défenseurs de Varna contre les Russes.

Patras était, avant la guerre, la première place
de ces contrées, auxquelles leurs communications avec les îles Ioniennes, l'Italie et Marseille,
donnaient une importance particulière : les ruines tiennent environ un espace de deux lieues.
Depuis notre occupation, le Gouvernement a
fait tracer l'alignement des nouvelles rues de la

future ville, qui, sous une administration pater-
nelle, renaîtra en peu d'années, à en juger par
la rapidité avec laquelle plus de deux cents maisons et baraques en bois ont été élevées.

Différens géographes prétendent que l'air y
est insalubre; nous pensons généralement que
c'est une erreur : nous avons attribué le grand
nombre de malades à notre situation précaire,
à la quantité d'immondices amoncelées dans
toutes les parties habitées, aux nombreux et
vastes cimetières turcs. Que l'autorité ait un
système de police éclairé, on changera d'opinion : les aqueducs réparés, les lits des divers
torrens bien encaissés, des canaux d'irrigation
construits à propos, assainiront une plaine immense, très-fertile en raisins dits de Corinthe,
en huile et en grains, d'un produit, d'après Pouqueville, de 1,700,000 francs.

Le 15 novembre, au sortir de notre demeure,
nous apercevons à l'entrée du golfe quinze à
vingt bâtimens de transport : un vent d'est très-
faible les tient en vue toute la journée, et ne leur
permet d'arriver au mouillage que le lendemain
soir. Ils ramènent les malades de la brigade
laissés à Navarin, et ceux qui d'abord avaient

été embarqués lors de notre ordre de retour
sur cette ville, après la prise du château de
Morée.

Le commandant du détachement est porteur
d'un ordre du jour du général en chef : ce dernier témoigne à l'armée sa satisfaction sur la
bonne conduite et le zèle que les 2ᵉ et 3ᵉ brigades
ont déployés lors du dernier siége, et nous as-
signe des quartiers d'hiver dans les deux places
que nous occupons, avec l'injonction d'être prêts
à partir dès qu'il l'ordonnera.

Une bonne nouvelle est ordinairement suivie
d'une seconde : nous recevons enfin des lettres
de France. Il faut se rappeler notre position pour
ressentir le plaisir vif et pur produit par le souvenir de nos parens ; nous y puisons la force de
supporter avec plus de résignation une vie d'ennui qu'une mortalité considérable rend plus
sombre.

Le 1ᵉʳ décembre, le général Higonnet reçoit
l'avis que la peste règne à Kalavrita, bourg situé
dans les montagnes, à dix lieues de Patras. Six
médecins et chirurgiens, aussitôt envoyés sur les
lieux, sont suivis quelques jours après du général

et d'un bataillon d'élite pour former le cordon sanitaire autour des pestiférés. La maladie est produite par l'affreuse misère des habitans qui, secourus à temps, ne comptent que neuf victimes. Cependant un rapport, trop précipitamment adressé au général Maison, fit mettre en surveillance les bâtimens arrivant de la Morée; et cette fâcheuse nouvelle, répandue en France par les journaux, jeta trop vite la terreur dans nos familles.

Les nouvelles se succèdent du quartier-général: la paix est signée entre les Russes et les Turcs; les limites de la Grèce sont fixées par les puissances alliées, du golfe d'Arta aux Thermopyles. Sept croix de Saint-Louis et de la Légion-d'Honneur sont les récompenses que le régiment obtient dans la répartition des cent décorations accordées à l'armée. Mais la certitude du rappel de la division répand une allégresse générale. Trois régimens désignés par le sort, les convalescens et les soldats ayant droit à leur libération, sont du premier convoi. Les voltigeurs à congédier, rentrés du cordon sanitaire, après avoir subi une quarantaine de trente-six heures, sont répartis, le 5 janvier 1829, avec le 29ᵉ régiment, sur les frégates *la Syrène*, *la Didon*, et plusieurs

navires marchands. Ces vaisseaux mettent à la
voile le 11 du courant.

1829. Le maréchal-de-camp Higonnet accourt
du cordon sanitaire pour commander les troupes
embarquées. Les autorités grecques civiles et militaires, le clergé et une foule d'habitans prévenus
de son départ, arrivent processionnellement à sa
rencontre, et l'accompagnent jusqu'au rivage.
Le préfet lui rend, au nom de la nation, un dernier hommage par les cris mille fois répétés de
vive la France! vive le général! et enfin par un
dernier salut de trois *hourras*. Le clergé bénit
le général, qui se rend aussitôt à bord de *la
Ville-de-Marseille*, où se trouvait un bataillon
du 46ᵉ de ligne.

Le 10, mon bataillon reçoit l'ordre d'occuper
le château de Morée : il s'y installe le même jour.
Témoin de la prise du fort, je trouve d'abord
certain charme à l'habiter. Nos soldats, sous la
direction des officiers du génie, sont employés à
réparer les fortifications. M. le général Schneider
vient, le 29 du même mois, inspecter les travaux;
il en est très-satisfait. Le colonel, avant l'arrivée du général, réunit les officiers chez le commandant, et prévient que ceux d'entre nous qui

désireraient entrer au service grec, le roi les y
autorisait, et leur conservait les avantages acquis. Refus unanime.

Le 16 février, des salves d'artillerie tirées de
la ville de Lépante et du fort de Roumélie, éveil-
lent notre curiosité : nous apprenons bientôt que
ce sont des réjouissances en l'honneur de Res-
child, pacha de Roumélie, élevé à la dignité de
grand-visir. On nous assure que sir Frédéric
Adams, lord-haut-commissaire des îles Ioniennes, est allé le complimenter.

Depuis quelques semaines le mauvais temps
nous retenait captifs dans le fort. Faute de livres,
nos plus grandes distractions sont la chasse ou la
promenade : ce dernier exercice devenait un besoin. Je saisis l'apparence d'une journée passable
pour tenter une excursion dans la montagne.
Je marche long-temps à travers les ronces et les
cailloux. Je rencontre au pied des premières
collines une fontaine turque : son eau limpide rafraîchit les habitans de quelques misérables cabanes de roseaux. Je suis par instinct un sentier
battu, et j'aperçois dans un site charmant, à l'entrée d'une gorge, une chapelle isolée, construite
en briques, d'une architecture assez agréable,

échappée comme par miracle à la destruction
générale. Un très-beau lentisque et un olivier
croissent auprès, et plusieurs chaumières sont
élevées à quelques centaines de pas. En descen-
dant vers la plaine, j'admire l'heureux choix des
châteaux de Morée et de Roumélie, bâtis sur
les deux points les plus rapprochés des deux rives : une largeur de 1800 mètres les sépare. Les
batteries de leurs extrémités saillantes se croisent
et défendent l'entrée du golfe, qui a trente lieues
marines d'étendue, et cinq et demie de largeur,
de Vostitza à l'échelle de Salone, sujet à des flux
périodiques ; sa plus grande profondeur est éva-
luée à quatre-vingt-cinq brasses.

Notre fort, situé à la pointe la plus septentrio-
nale du Péloponèse, sur l'un des côtés du dé-
troit, connu sous le nom de Petites-Dardanelles,
n'était primitivement composé que de quelques
tours de diverses formes, réunies par des murs
d'enceinte de deux mètres d'épaisseur, surmontés
d'un faible parapet en maçonnerie. Les Vénitiens
jetèrent en avant un bastion et trois demi-bastions
qu'ils réunirent par des courtines ; deux demi-
lunes couvrirent le front opposé à la mer ; un
large fossé les précéda, et un chemin couvert, à
glacis coupé, précédé lui-même d'un avant-fossé,

entoura tous ces ouvrages qui paraissent entrepris au commencement du dix-huitième siècle , comme l'indique une inscription latine presque effacée :

Porta salus Castri auxiliis intrantibus arti ,
Ingressum pandit militibusque leo.
Anno Domini 1713.

Cette place, restaurée et terrassée d'après le nouveau système de fortification, sera la première ville forte de cette partie de la Morée.

Depuis une quinzaine de jours, divers *on-dit* circulaient parmi nous ; on parlait plus que jamais d'occupation et de départ ; cette incertitude redoublait le désir que j'éprouvais de visiter les lieux les plus célèbres de cette belle contrée ; je n'attendais qu'une occasion : elle se présente tout à coup. J'ai à peine la possibilité de faire les préparatifs de première nécessité pour me joindre à plusieurs officiers du 54ᵉ qui avaient frété un caïque, longue barque pontée, pour descendre le golfe jusqu'à l'isthme de Corinthe.

Le 11 mars, à onze heures du matin, six officiers français et un interprète sont à bord du ba-

teau *le Saint-André*, qu'un vent bon frais em-
porte rapidement à la station grecque, où notre
patron doit déclarer le but de son voyage. La
frégate *l'Hellas*, passée l'avant-veille sous le canon du fort, était à l'ancre vis-à-vis Lépante pour
former le blocus de cette ville qui, sous peu de
jours, doit être investie par l'armée Rouméliote.

L'amiral Miaulis, que nous avons désiré saluer,
nous accueille avec une noble simplicité. Agé de
soixante ans, sa physionomie ouverte répond à la
réputation d'honnête homme dont il jouit parmi
ses compatriotes ; son courage égale son patriotisme : de simple chef de barque, il est parvenu
à la première dignité de cet état naissant. Les
grandeurs ne le changent pas : son costume est
celui des marins.

Tandis que le capitaine se met en règle, nous
visitons l'intérieur de cette frégate, d'une propreté remarquable ; ce vaisseau, décoré avec tout
le luxe américain, a coûté trois millions à la
Grèce. Réinstallés sur le bateau, nous laissons
bientôt derrière nous Lépante, l'îlot de Trissonia,
et arrivons en vue de Vostitza, cité jadis considérable, dont les ruines occupent une plaine
très-riche en oliviers et en vignes produisant le

raisin de Corinthe. A la hauteur de cette ville,
nous apercevons le fond du golfe formé par la
continuation des montagnes qui règnent non loin
de ses deux rives.

Sur le soir, un vent impétueux oblige le pilote
de gagner en toute hâte une petite baie sur la
côte de Roumélie; un mistick du pays s'y était
déjà réfugié : le capitaine nous apprend qu'il est
chargé de farine pour l'armée grecque. Satisfait
d'être en sûreté sur un aride rocher, chaque
voyageur a une tâche à remplir : les uns arra-
chent les arbustes secs; les autres cherchent
un abri, tandis que les plus habiles s'occupent
de trouver les moyens de satisfaire une faim dé-
vorante. Après un repas improvisé à la lueur d'un
feu pétillant, nous nous enveloppons gaîment
dans nos manteaux, et rêvons aux merveilles du
lendemain. Au point du jour, un ciel pur présage une belle journée; la mer, devenue plus
calme, nous permet de nous rembarquer. A l'aide
d'un vent favorable, nous arrivons en trois heures
à l'extrémité du golfe, près d'un cap hérissé de
rochers bizarrement assemblés. La côte, d'abord
déserte, est chargée d'oliviers; puis, à midi,
nous prenons terre à peu de distance du triste
bourg d'Utraki, où l'on trouve une source d'eau

chaude. Nous louons des mulets; un des sociétaires préfère un chameau pour franchir l'isthme qui nous rappelle les jeux institués en l'honneur de Mélicerte, lesquels, interrompus d'abord, furent rétablis par Thésée en l'honneur de Neptune. Nous apercevons l'emplacement des travaux infructueusement exécutés d'après les ordres de plusieurs empereurs romains, pour la jonction des deux mers. Le terrain est légèrement ondulé, aride et couvert de lentisques rabougris. Une belle prairie environne Kalamaki, autre bourg situé sur le golfe Salonique.

Nous frétons une barque d'Hydra; à six heures, nos trois hommes d'équipage rament vers Égine; le timonier nous indique Mégare, que l'on aperçoit au scintillement des feux des bivouacs grecs.

Portés sur des eaux faiblement agitées, sous l'influence d'une belle nuit, la magie des souvenirs répand un charme indéfinissable : je vois ces flots phosphorescens nous entourer d'une mer de feu, et j'entends avec plaisir le chant d'un de nos marins se mêler au bruit du sillage du bateau. A sept heures du matin, nous entrons dans le port, et nous nous rangeons près du quai, au milieu d'une infinité de bâtimens marchands.

L'île d'Égine, du nom d'une fille d'Asope, roi de Béotie, a trois lieues de long sur deux de large; de peu d'importance avant la guerre, elle était devenue le dernier boulevard des Grecs : les infortunés y accouraient de tous les points pour se soustraire à la férocité des Turcs. On y a compté 40,000 réfugiés; ce nombre est aujourd'hui de moitié. La ville principale, ainsi nommée, est bâtie sans régularité ni élégance, sauf les maisons des principaux chefs du gouvernement, comparables à celles des propriétaires aisés de notre pays; les autres sont des masures en terre, à rez-de-chaussée, et couvertes d'un toit à l'italienne.

Le 15 mars était un dimanche; le peuple se reposait et se pressait dans les églises. Nous jouissons d'un coup-d'œil inconnu et piquant, par la variété des costumes des Athéniennes, des Hydriotes, et particulièrement des femmes d'Ipsara, remarquables par la beauté de leurs traits et la blancheur de leur teint.

Nous voyons d'abord le lazaret, dont la forme circulaire est très-favorable au mode particulier de surveillance que l'on y exerce. A quelques centaines de pas, sur une hauteur, une colonne

cannelée et sans chapiteau frappe notre vue :
nous nous y rendons. Le cicérone nous assure
qu'elle a été trouvée dans les fondations du
temple de Vénus, au milieu desquelles il nous
indique le tuyau secret par lequel les prêtres
rendaient des oracles au nom de la déesse. Le
même jour, on nous montre un bas-relief en
marbre d'une grande beauté : un jeune homme
sacrifie deux colombes à Vénus. Ce bas-relief pro-
vient d'une fouille faite dans le même endroit,
d'après les ordres du président, que nous regret-
tons de ne pas trouver à Égine. Au sortir de la
ville, du côté de Salamine, nous descendons dans
des chambres souterraines que l'on nous dit être
d'anciens tombeaux. Multipliées à l'infini, ne
seraient-elles pas plutôt les premières demeures
des Myrmidons, qui, comme l'on sait, vivaient
sous terre? Nous visitons avec le plus vif intérêt
l'université, bâtiment considérable, d'une construction simple et convenable à sa destination :
deux mille orphelins, dirigés par des maîtres habiles, doivent y être instruits et nourris aux frais
de l'État. Dans la partie gauche de la cour, vous
descendez dans un ancien temple souterrain orné
de quelques colonnes et des débris d'un autel.

Toutes ces courses avaient rempli la plus

grande partie d'une journée qui fuyait trop vite à notre gré; la nuit seule y met un terme, et nous employons les premières heures à terminer les préparatifs de l'excursion du lendemain.

Le 16, de grand matin, nos guides nous attendent avec des chevaux; exacte à l'heure convenue, la troupe réunie se dirige vers les ruines du temple de Jupiter-Panhellénien, distantes de deux lieues. Nous galopons joyeusement, charmés de voir des champs bien cultivés et ornés de jolies maisons de campagne. Tout à coup un de nos guides pousse un cri et se retourne vers nous, répétant précipitamment: *Athina! Athina!* et nous montre du doigt la ville célèbre que les musulmans ne nous permettent pas de visiter de plus près. Cette vue ajoute à notre impatience: nous pénétrons dans une gorge étroite et profonde, au milieu de laquelle nous considérons avec étonnement, sur la cime d'une montagne pyramidale, un groupe considérable de maisons désertes. Nous modérons l'ardeur de nos coursiers dans un terrain montueux parsemé de chênes, de lentisques, rencontrant çà et là une chaumière habitée. A neuf heures, nous atteignons le sommet d'une colline couronnée par le temple: c'est un rectangle de quatre-vingts pieds

de long sur vingt de largeur, formé par un
double rang de colonnes d'ordre dorique, dont
vingt-une, mutilées et usées par les siècles,
sont encore debout. Admirablement placés, nous
distinguons à merveille, avec une lunette, la
mer Egée, Salamine, les monts Hymette, Penté-
lique, etc.; au milieu d'une plaine, la citadelle de
Minerve, bâtie sur un rocher, le Parthénon;
auprès, Athènes, ceinte d'une muraille; et au-
delà, dans la plaine, les colonnes isolées du temple
de Thésée. Tout entier aux souvenirs de cette
antique capitale des arts, nous demeurons long-
temps dans une muette et avide contemplation;
mais le temps, de son vol rapide, nous presse de
partir : il faut s'éloigner.

A midi, de retour à Egine, nous retrouvons
sur le port nos jeunes marins : heureux de nous
revoir, ils acceptent avec joie le nouveau mar-
ché de nous repasser à l'instant même sur le con-
tinent moréote. Le rendez-vous donné, la voile
latine, courbée sous l'effort du vent, entraîne
rapidement le bateau et les voyageurs vers le rivage d'Epidavros, où nous abordons à dix heures
du soir.

Le 17, un soleil déjà chaud colore la cime des
montagnes qui enveloppent et abritent les misé-

rables cabanes de ce bourg renommé par ses
chevaux et ses vins : le port était autrefois celui
de l'ancienne Epidaure.

La caravane marche sur Hiéro, parcourt une
campagne encaissée, mais pleine de vie ; les
myrtes, les primevères, répandent une odeur
printanière qui ravive nos sens fatigués. Là, parmi les arbrisseaux, les oliviers, une eau limpide
court, emprisonnée dans un canal en bois, se
précipiter sur la roue brisée d'un moulin, et
inonde, après sa chute, une maison dévastée et
déserte ; plus loin, le bruit de clochettes disso-
nantes nous indique un troupeau de chèvres brou-
tant la verdure assez rare des montagnes qui
sont à notre droite. Nous nous élevons insensiblement sur des rochers couverts de pins ; nous abandonnons la route, et suivons le lit desséché d'un
torrent, chemin dangereux pour les jambes des
chevaux. A l'issue de ce véritable défilé, nous entrons dans un vallon magnifique jonché de ruines ;
nous courons çà et là dans l'enclos sacré, joyeux de
reconnaître le tracé du célèbre temple d'Esculape,
arrêtés à chaque pas par un débris nouveau, une
frise sculptée ou un chapiteau brisé. La pause est
plus longue à la merveilleuse fontaine du Dieu : la
source est tarie ; un arbre l'ombrage encore, et

nous apercevons le conduit par lequel coulait
l'eau salutaire qui rappelait les malades à la vie.
Nous admirons la forme circulaire d'un théâtre
construit dans le contour gracieux d'un mamelon : cinquante-quatre gradins, disjoints en
quelques endroits par les pousses de nombreux
lentisques, ne nuisent point à leur régularité.
Cet ouvrage, parfait en ce genre, a trente-deux
mètres de diamètre et dix-huit de flèche. Une
muraille en briques à demi-renversée, un bain
et une citerne d'une belle grandeur, sont les
seules constructions romaines que nous remarquons. Au débouché de ce vallon inhabité et silen-
cieux, nous apercevons, près de l'aride Arachné,
sur une hauteur, le village de Lygourio, autrefois la ville de Lissa. En avançant, le terroir est
généralement inculte et couvert de taillis; l'ardeur du soleil rend un trajet de six heures de
marche long et pénible : nous sommes impatiens d'arriver à Nauplie, que nous découvrons
à une très-grande distance aux lignes blanches
du fort Palamédi. A une demi-lieue de cette
ville, et à cent pas sur la droite de la route, nous
considérons un rocher d'une forme toute particulière : de loin, on croit voir une citadelle
antique. Nous sommes rendus au gîte vers cinq
heures du soir.

Nauplie, ainsi nommée par les Grecs, Anapli par les Turcs, et Napoli de Romanie par les Italiens, située sur la pointe d'un rocher, sur lequel on voit des débris d'anciennes murailles, est adossée au mont Palamédi, citadelle redoutable, principale place d'armes des Grecs depuis 1823 : les fortifications sont très-bien entretenues, et son port est d'une défense facile. Intéressante comme centre d'organisation militaire, dépôt des quatre bataillons de tacticos, ou soldats exercés à l'européenne, elle possède l'école des Hévellépides ou polytechnique, un arsenal aussi bien tenu que les faibles moyens mis à la disposition des officiers philbellènes français le permettent.

Le point de vue de la ville est agréable ; intérieurement, c'est l'opposé : des rues sales et étroites, des maisons peu solides ; cependant elles étaient les mieux bâties de la Morée. L'air y est malsain ; les grandes chaleurs y font naître des fièvres intermittentes funestes aux habitans, et surtout aux étrangers : ces derniers ne peuvent se dispenser de faire usage de bains de vapeurs à l'orientale, par les motifs puissans de santé, de propreté et même de curiosité.

A peine possesseurs d'une chambre, on nous

annonce le général Nikitas, qui, ayant appris
notre arrivée, s'empresse de venir aussitôt nous
complimenter, et nous prie d'agréer ses services.
Flattés d'une attention aussi obligeante, le lendemain nous nous rendons tous à son logis pour
lui témoigner de vive voix notre gratitude ; nous
l'assurons que, de retour en France, nous re-
garderons comme un devoir de proclamer sa
courtoisie. Le général nous fait servir du café et
des rafraîchissemens à la manière du pays.

Infatigables dans nos recherches, nous aurions
vivement désiré prolonger notre séjour dans
cette résidence du gouvernement grec ; mais la
nouvelle de notre prochaine rentrée nous fait
changer de projet et hâter le départ.

Le 19, aux portes ouvrantes, nous sortons de
Nauplie, escortés des mêmes guides choisis à
Epidavros : ils nous indiquent, à demi-heure de
cette ville, les ruines de Lyrinthe, berceau
d'Hercule, ou plutôt son séjour ordinaire. Les
restes de ces antiques murailles, constructions
cyclopéennes, le meilleur modèle d'architecture militaire des temps héroïques, réclament
l'attention des voyageurs : elles ont vingt-cinq
pieds d'épaisseur, et sont formées de grosses

pierres brutes superposées les unes sur les autres, sans être unies par le ciment. Cette courte
exploration terminée, nous nous dirigeons vers
l'ancienne capitale d'Agamemnon, dont il ne reste
nulle trace : les débris de la nouvelle Argos
gisent à une lieue du golfe de Nauplie, au pied
d'un château démantelé, qui domine une vaste
plaine peu boisée, très-fertile en blé, où l'on
cultive avec succès le coton et le tabac. Une
infinité de pavots, plante particulière au sol,
font agréablement ressortir la belle verdure des
champs.

Un régiment de chasseurs-lanciers s'organise
dans le palais, en partie détruit, du pacha qui
commandait l'Argolide. Un théâtre et les murs
d'un monument romain qu'on y rencontre, sont
des antiquités fort ordinaires.

A un quart de lieue de cette ville, nous traversons l'Inachus, au lit large et peu profond.
Deux lieues plus loin, un jeune pâtre du misérable village de Carvathi nous conduit au tombeau présumé du roi des rois (*Agamemnon-Mimo*),
métamorphosé en bergerie. Sans monument intérieur, le caveau est un cône de cinquante
pieds de haut, sur vingt de diamètre, revêtu de

pierres énormes à pans droits coupés, construction cyclopéenne. La porte d'entrée est remarquable par le volume de la plate-bande : elle a
un mètre d'épaisseur, sur huit de longueur et cinq
de largeur. De ce premier caveau vous pénétrez
dans un second caveau moins grand, simplement
creusé dans la terre : selon Pausanias, ce serait sans
doute le tombeau d'Eurymédon, conducteur du
char de ce prince au siége de Troie. Nous marchons
vingt minutes pour examiner les remparts de Mycène, ville fondée par Persée. La porte aux Lions,
ainsi nommée de deux de ces animaux qui s'ap-
puient sur une colonne, est un morceau gros-
sièrement sculpté ; mais l'étonnante dimension
des pierres provoque notre surprise et notre
admiration.

Nous quittons bientôt cette affreuse solitude,
seul séjour possible des oiseaux de nuit, pour
entrer une heure après dans le défilé de Der-
vend ou Dervenaki, à jamais fameux dans les
fastes de la Nouvelle-Grèce, par la défaite de dix
mille Turcs commandés par Drama-Ali. Le pacha, repoussé par son confrère de Nauplie, manquant de vivres, et opérant sa retraite sur Corinthe, a l'imprudence de s'y engager sans faire
occuper les hauteurs. Aussitôt attaqué avec un

immense avantage, le 9 août 1822, par Coloco-
troni et Nikitas, il s'échappe à peine avec deux
mille des siens, et expie, le mois suivant, sa pré-
somptueuse témérité en s'empoisonnant.

Tandis que nous descendions des hauteurs de
Mycène, le ciel s'était obscurci; des nuages
noirs et épais se rassemblaient sur nos têtes. A
peine engagés dans ce long défilé, de larges gout-
tes de pluie nous forcent de déployer nos manteaux; nous avançons aux roulemens éclatans du
tonnerre, répétés par les nombreux échos des
montagnes environnantes; un torrent y mêle le
bruit de ses eaux grossies par l'orage; et les pieds
des chevaux foulent à chaque pas les ossemens
blanchis des Turcs, que nos Grecs nous montrent avec orgueil, chantant des vers en l'honneur de leurs chefs vainqueurs.

Le chemin monte et la gorge se rétrécit; d'anciens corps-de-garde, construits à mi-côte, en
protégent l'issue. Malgré l'heure avancée, nous
laissons à droite la route de Corinthe, et suivons
un sentier tortueux qui nous conduit au milieu
d'une belle vallée. Trois colonnes d'ordre dorique, de vingt-cinq à trente pieds, s'élèvent majestueusement parmi une infinité d'autres ren-

versées : leurs débris encombrent l'enceinte,
et empêchent d'en prendre exactement les di-
mensions.

Le tonnerre grondait encore dans l'éloignement : cependant le soleil avait reparu, et éclai-
rait de ses derniers rayons ces ruines imposantes
du temple de Jupiter-Néméen. En les quittant,
nos guides nous montrent dans le haut de la colline une excavation naturelle qu'ils assurent être
l'antre du lion tué par Hercule.

La nuit nous surprend dans un chemin affreux.
Forcés de descendre de cheval, nous marchons
à l'aventure; nos guides ne s'y retrouvent plus.
Harassés et mourans de besoin, nous n'atteignons
qu'à dix heures du soir une chaumière isolée.
Malgré la longueur d'une course de quatorze
heures faite à pied, nos six Grecs, échauffés par
une gratification de deux bouteilles de mastic,
boisson alcoolique, composée de la liqueur du
lentisque, se livrent en chantant au plaisir
de la danse. Ils firent preuve d'une force de
jarret peu commune dans cette fatigante journée, et nous donnèrent un exemple touchant
de fraternité : se saluant à chaque question
du doux nom d'*adelphé* (ami), prononcé d'un

son de voix si agréable qu'il retentira long-temps
à mon oreille.

Le 20, quatre heures de marche. Je glisse sur
les détails d'une route peu remarquable, pour entrer à Corinthe. Trois lourdes colonnes surmon-
tées d'un entablement massif, et un cirque
presque détruit, sont les seuls monumens de
cette ville célèbre qui nous rappelle les fureurs
d'un second Mummius.

L'Acro-Corinthe ou la citadelle reçoit bientôt
notre visite : bâtie sur une montagne, à 1800 pieds
au-dessus du niveau de la mer, différentes batteries défendent les approches d'une première
enceinte fortifiée à la moderne. Nous employons
trois-quarts d'heure à fair le tour de la seconde
enveloppe d'une muraille vénitienne en mauvais état.

Quelques chapiteaux d'ordre corinthien, un
sphinx mutilé, et plusieurs tables de marbre
antique, sont les précieux restes d'un temple
magnifique qui embellissent le modeste parterre
du commandant. La fontaine du Pirène coule encore ; elle désaltère une compagnie de la garnison
et nous rafraîchit en même temps : son eau déli-

cieuse sort d'un réservoir, pour tomber dans un
bassin de marbre en forme de bénitier. D'une
tour intérieure, tournée vers le sud, nous examinons, à portée de canon, le fort de Pendi-
Scouphi (les cinq bonnets) de cinq mamelons,
au milieu desquels il est construit. Il domine cette
partie de la citadelle, sans en diminuer la force,
par l'impossibilité de battre en brèche, et la dif-
ficulté de tenter l'escalade : ce ne sont que rochers escarpés de ce côté, et dans le reste du
pourtour d'immenses précipices.

De sa partie la plus élevée, la Grèce vous apparaît entière : quel spectacle !... quelle vue ma-
jestueuse !... D'un côté, les plaines de la Corin-
thie, les sommités des montagnes de l'Achaïe, le
golfe de Lépante, le mont Parnasse, l'Hélicon et
le Cythéron ; de l'autre, Argos et ses montagnes,
Nauphie couronnée d'un golfe azuré : ici les som-
mets bleuâtres du Parthénius, du Taygète ; là,
le golfe d'Athènes, Egine, le promontoire de Su-
nium ; plus loin, les îles de l'Archipel ; partout
une rivalité de sites, un ensemble sublime qui
inspirent la plus vive et la plus profonde admiration.

Le 21, d'assez bonne heure, nous faisons nos

adieux à Corinthe, en formant des vœux pour qu'un destin plus prospère ramène le calme et le bonheur sous ses toits réédifiés. Le terroir est riche et excellent jusqu'aux approches du village de Va-silika, autrefois Sicyone, la plus ancienne ville de la Grèce, et patrie d'Aratus, le fondateur de la ligue des Achéens, le dernier qui combattit pour la liberté de sa patrie.

Nous reprenons au hameau des Cabanes les bords du golfe que nous ne quitterons plus. Les vignes reparaissent jusqu'à Xilocastron, dont la po-sition agreste nous fait oublier la mauvaise volonté des nouveaux guides, qui ne veulent marcher que quatre heures au lieu de six, tandis qu'il était convenu de partager la distance de Corinthe à Vostitza.

Le 22, à cheval dès la pointe du jour, nous cou-rons long-temps dans un terrain sablonneux et des champs incultes: ici, des montagnes couvertes de pins; au-delà, des coteaux charmans, entourent des vallées délicieuses, trop souvent dévastées par d'impétueux torrens.

Nous côtoyons la mer dans un chemin de la lar-geur d'un mulet; nous retrouvons des bois d'oli-liviers; nous arrivons sur les bords de la rapide et large rivière de Calavryta, ancien fleuve Cérynite, que nous traversons pour entrer dans la belle plaine qui précède la ville. Très-bien accueillis par les soins du démogéronte, nous goûtons les douceurs d'un repos acheté par quatorze lieues d'une marche forcée.

En sortant de Vostitza, le 23, encore huit lieues de pays à franchir. Sur pied d'assez bonne heure, le peu d'exactitude des guides nous laisse tout le temps de visiter Vostitza, l'ancienne Ægium, et d'examiner la belle vue dont on jouit du plateau de cette ville. Devant nous, audelà du canal, les hautes montagnes de la Roumélie; à nos pieds, une vaste étendue d'eau de mer, dont les flots écumans accourent en murmurant expirer sur un rivage qu'embellit un platane centenaire d'une étonnante grosseur. Les belles eaux d'une fontaine antique à seize conduits baignent ses nombreuses ruines. Nous y arrivons par un escalier tournant creusé dans le sol : là, nos chevaux attendaient leurs cavaliers; chacun de nous s'élance sur le sien, et traverse à un quart de lieue une rivière ou large torrent. Deux heures sont écoulées, nous laissons la plaine pour suivre un chemin escarpé qui nous amène sur les bords de la mer. Nous apercevons sur la gauche une montagne remarquable par une magnifique chute d'eau d'environ quatre cents pieds de haut. Nous avançons lentement dans un terrain pierreux et parfois sablonneux, distraits de loin en loin par un beau paysage.

Arrivés en face de la ville de Lépante, nous nous rendons en quelques minutes à l'embranchement des routes de Patras et du château de Morée; le fort se dessine à peu de distance sur la droite. La caravane se divise : un capitaine du 2ᵉ régiment du génie et moi serrons la main à nos compagnons de voyage; et, satisfaits de notre excursion, nous revoyons avec plaisir des camarades qui nous apprennent que nos deux corps font partie des troupes d'occupation.

Tout rempli d'émotions de ma course péloponésienne, j'avais besoin de quelques tableaux extraordinaires pour en prolonger la durée, et ne pas retomber tout à coup dans une profonde inactivité.

Le hasard me sert bien : le 24, à onze heures du matin, la frégate l'*Hellas* dépasse le fort, et s'embosse très-près des remparts de Roumélie, que l'amiral Miaulis fait canonner vigoureusement à sept heures du soir. L'armée de terre engage alors une fusillade très-vive avec la garnison. A neuf heures, le feu cesse des deux côtés. Le lendemain, le pavillon grec flotte sur le bastion, en regard du nôtre, et nous apprenons que les Turcs, privés de leurs moyens de défense, ont capitulé, sous la condition d'être reconduits aux confins de leur territoire avec armes et bagages.

Le 2 d'avril, compris par une partie de mes camarades dans une partie subitement organisée, nous traversons le canal, et entrons dans le fort nouvellement conquis.

Le commandant grec, Jean Zavellas, nous accueille très-bien, et nous accompagne autour de ses remparts en ruines, protégés par quelques pièces de canon en mauvais état. De tous côtés des masures et des décombres. Il nous montre dans le réduit d'une batterie souterraine, transformée en écurie, plusieurs chevaux arabes d'un grand prix, appartenant au comte Augustin d'Istrias et à un de ses frères. Au milieu des retranchemens extérieurs, d'autres chevaux tout sellés attendent le signal du maître, au-devant duquel ils accourent avec docilité. Embarqués de nouveau, nous côtoyons le rivage, et sommes rapidement dépassés par des chefs grecs qui se rendent au camp de Lépante, vers lequel nous nous dirigeons. Déposés sur la plage près des huttes de la cavalerie, nous distinguons au milieu d'un groupe de guerriers un homme d'une beauté remarquable, d'une haute stature, tel qu'Homère nous dépeint son Achille. Plus loin, sous une tente dressée sur une éminence, Hadgi-Christos, ce chef redouté des Turcs, nous reçoit à l'orientale, nous offre du café, du tabac, avec gracieuseté, et s'excuse de son ignorance à parler le français, qu'heureusement pour lui et nous son secrétaire entend très-bien.

Cette armée irrégulière, sans avant-postes, sans gardes intérieures, campée à portée de canon de la place, compte quatre mille palikares qui se groupent sans aucun ordre autour du drapeau de celui qu'ils reconnaissent pour chef. Les chevaux paissent à l'aventure. En avant des lignes, leurs maîtres, libres d'aller ou de faire ce qui leur plaît, ne sont exacts qu'au jour du combat. Les plus téméraires d'entre eux s'exposent journellement aux coups de canon des Turcs, en pariant qu'ils iront frapper de leurs sabres les portes de la ville assiégée.

Fantassins et cavaliers, soldats pleins d'énergie et de dévouement, supportant les privations de toute espèce avec une admirable résignation, un peu de farine et de maïs, des racines, des herbes,

sont leurs alimens journaliers; pour boisson, de
l'eau, et quelquefois du vin et de très-mauvaise
eau-de-vie.

Le 10, mon bataillon est relevé par quatre compagnies du 1er. Nous rentrons très-à-propos à Patras pour y recevoir le président de la Grèce en
tournée, qui arrive le 19 au soir. Le lendemain
de très-bonne heure, le lieutenant-colonel Mangin
lui présente le corps d'officiers. Le comte Capo-
d'Istrias, petit et fluet, d'une physionomie dis-
tinguée, paraît avoir cinquante ans; son œil noir,
bien fendu, lui donne le regard brillant, scrutateur
et fin; son langage français, sous une forme étrangère, est noble et facile. Nous l'écoutons avec une
religieuse attention développer ses moyens de civilisation, s'étendre peut-être trop longuement
sur les difficultés qu'il doit vaincre pour compléter
la régénération de ses compatriotes, problème ré-
solu par l'instruction qu'il fait donner à la jeunesse.
Le jour suivant, le régiment sous les armes lui
rend les honneurs militaires du départ.

Le passage du président est suivi des fêtes de
Pâques, célébrées selon le rite grec le 26 de ce
mois : c'est une joie universelle; les habitans des
deux sexes, parés de riches vêtemens, se dédom-

magent d'une trop rigoureuse abstinence, en se li-
vrant pendant trois jours à des excès étonnans : le
vin , les liqueurs coulent à flots , des moutons entiers, rôtis en plein vent, rappellent les repas d'Ajax
et d'Agamemnon. Chaque cabane, ordinairement si
tranquille, est le lieu du festin choisi par les femmes : les hommes s'y assemblent à leur tour, ou ,
formés en cercle dans la prairie , sur les places publiques, dansent en rond , guidés par un chant monotone ou aux sons discordans des hautbois et des
tambourins. Témoins officieux de ces plaisirs
bruyans, nous comprenons le bonheur qu'ils éprouvent de fêter en liberté un jour si long-temps flétri
par la présence de leurs oppresseurs. Le 1er de
mai , quelques chanteurs du pays , couronnés de
fleurs, parcourent les rues, entourent de guirlandes
tous ceux d'entre nous qui veulent bien se prêter à
leur facile exigence et à entendre leurs compli-
mens improvisés, moyennant une faible rétribu-
tion.

Le pacha de Lépante avait promis aux parle-
mentaires du président de lui rendre la place sous
un délai de huit jours, s'il n'était pas secouru. Fidèle
à sa parole, cet autre Ibrahim se soumet au vainqueur le 2 de ce mois , et se dirige sur Prévésa ,
suivi de sa garnison et de toutes les familles tur-

ques de cette ville., réparties sur huit transports.
Le 17 du courant, les Turcs de Missolonghi capi-
tulent aux mêmes conditions.

Depuis quelques jours , le marquis Maison
nous avait fait connaître que les 27e., 42e, 54e ,
et 58e régimens stationnés à Navarrin, Modon et
Patras , formaient la brigade française d'occupation
sous les ordres du général Schneider : il nous fait
de nouveau ses adieux , et s'embarque avec M. le
lieutenant-général Durrieu, sur la frégate la *Didon*,
qui met à la voile le 22.

Nous apprenons que le comte Capo - d'Istrias
leur a rendu un dernier et brillant hommage , en
leur offrant, au nom de la nation grecque, les sabres de Constantin Botzaris et Karaïskaki, guerriers
célèbres, morts en combattant les Turcs.

Des lettres de France nous annoncent la prochaine rentrée du 2e bataillon, du nombre des par-
tans. Je m'empresse de me réunir à plusieurs officiers impatiens de visiter Missolonghi.

Sous voile à neuf heures du soir , un vent faible
nous tient en mer toute la nuit. Au point du jour,

nous reconnaissons la station grecque, mouillée
non loin de la petite île de St.-Just.

Obligés d'échanger le caïque pour une barque
plus légère, nous nous dirigeons sur la ville, dont
nous sommes encore éloignés de trois lieues. Après
une heure de navigation, nous serrons au plus
près le misérable pâté ou fort de Vassiladi, tout
hérissé de canons, théâtre de deux brillans faits
d'armes du général Kitzo Travellas.

Ce valeureux chef, secondé en 1826 par 500
Rouméliotes, repousse en deux attaques succes-
sives 16,000 Albanais et Africains, conduits par
Kourchid-Pacha et Hussein-Bey, lieutenans du fameux Ibrahim qui alors assiégeait cette ville. Ce
fort défend l'entrée du canal qui conduit au rivage au-delà : la mer est peu profonde, et couverte
de bas-fonds très-dangereux.

Nous abordons sur un môle de peu d'étendue, en
partie ruiné; une pièce turque en bronze, de 42 de
balles, est en batterie. Les premières maisons sont
dévastées et envahies par les eaux; sur la gauche,
un marais recouvre une portion de cette héroïque
population de vieillards et de femmes, qui préfè-
rent la mort au déshonneur et à l'esclavage.

Nous suivons une longue rue pavée pour trouver
à son issue une vaste enceinte de ruines : une fontaine assez belle ne donne plus d'eau ; plus loin ,
tout près d'un arbre solitaire, on nous indique, autour des fondemens d'une église , les tombes bri-
sées de Marco-Botzaris, de Kiriakouli et du général
wurtembergeois Normann.

Le guide nous fait remarquer dans l'enceinte
d'une seconde église la place où furent déposées
les entrailles de lord Byron ; puis, à quelques pas ,
une longue muraille blanche, peu élevée, crénelée,
à bastions et redans armés de canons en fer, entourée d'un fossé large et profond , ce dernier
précédé d'un autre plus petit. Au sortir de la porte,
une place d'armes , sur la droite une demi-lune
construite par le poète anglais; en regard, plusieurs
boyaux , le train de plusieurs batteries , des tranchées d'un grand développement, et une campagne
considérable , marécageuse , inculte , formée par
un rideau de montagnes arides... Tel s'offre à nous
Missolonghi ! !..

Ce siége mémorable honore à tout jamais la vail-
lance des Grecs : 3,000 combattans, disséminés autour de ces vastes retranchemens, résistèrent long-
temps à des forces dix fois plus nombreuses. Ré-

duits aux abois, les blessés s'ensevelirent glorieuse-
ment sous les ruines de leur patrie, plutôt que
de se rendre à un implacable ennemi.

Lors du dernier assaut donné par le prince égyptien, un faible détachement de ces braves défenseurs marche audacieusement au-devant des Arabes,
se fait jour à travers leurs épais bataillons, et gagne
la montagne.

Jamais plus heureux qu'en trouvant l'occasion
de me livrer à de nouvelles explorations, j'accepte
avec grand plaisir l'invitation de deux officiers de
marine d'entreprendre le voyage de Delphes.

Le 16 juin, à cheval dès quatre heures du matin,
notre petite réunion composée de quatre officiers,
de deux Grecs, s'avance au trot à travers des champs
que je revois sous un aspect plus agréable : la vé-
gétation était dans toute sa force ; des milliers de
lauriers-roses chargés de fleurs forment un parterre
brillant de la plaine arrosée par la première rivière
de Vostitza.

Nous atteignons de bonne heure les maisons ri-
veraines de cette ville, et nous nous reposons à
l'ombre de son magnifique platane, en attendant le

départ d'une très-jolie goëlette zantaise. Le capitaine nous avait conplaisamment offert de nous
prendre à son bord.

Poussés par un vent favorable, nous traversons
le canal et découvrons 'à l'entrée du golfe de Salone, au fond d'une baie, la ville de Gualdaïdi : un
ciel sans nuages nous permet d'examiner tout à
notre aise les larges flancs de cet immortel Parnasse, aux sommités bien arides pour le séjour des
Muses.

A six heures du soir nous jetons l'ancre; le canot
du navire nous débarque aux cahutes construites
sur l'emplacement de Cirrha, près de la douane,
entrepôt de l'échelle de Salone, ville située à trois
ou quatre lieues plus avant dans les terres.

A sept heures, nous suivons les propriétaires de
nos mulets à travers une plaine, l'ancienne Cirrha
ou Crissa, plantée de superbes oliviers, autrefois
destinée aux courses des chevaux et des chars, lors
des fêtes en l'honneur d'Apollon, qui se célébraient
tous les quatre ans. Nous reconnaissons les traces
de l'hyppodrôme aux accidens d'un terrain plus
élevé dans une longueur considérable. Cette plaine
a probablement donné son nom au bourg ruiné de

Crisso, que nous traversons avant la chute du jour. Plus loin, un beau clair de lune, diminuant les difficultés d'un sentier aussi roide que rocailleux, nous permet de suivre la marche.

Nous touchons à dix heures aux masures de Castri, et passons la nuit non loin d'une chapelle, préférant des gerbes de seigle nouvellement coupées aux cabanes grecques remplies d'insectes parasites qui ne permettent pas le repos.

Debout avec l'aube du jour, l'air pur et frais du matin nous dispose aux sensations les plus vives; chacun de nous se trouve placé simultanément sous le charme d'un spectacle inconnu.

Ce réveil de la nature dans ces lieux élevés est admirable. D'abord, l'esprit reste en suspens, puis devient mobile, ainsi que les tableaux produits par les torrens de lumière dont nous sommes inondés.

Là est une montagne immense, muraille impénétrable, soutenue par deux contre-forts, dont le plus considérable, jadis décoré de temples magnifiques, de nombreuses statues et d'une ville superbe, aujourd'hui échelonné de petits champs de seigle au milieu d'anitques fondemens, parsemé de caveaux creusés dans le roc, et chargé d'un amas de maisons délabrées, parmi lesquelles on trouve d'autres fondemens en pierres de taille, couvertes d'inscriptions grecques, qui favoriseront les recherches de nos savans dans la découverte de l'origine et de la destination de ces monumens. Cette nouvelle fouille est due aux soins du frère du président.

Une excavation profonde, vieil ouvrage du temps, de la pluie et de la fonte des neiges, partage la montagne; de sa base s'échappe un ruisseau, dont les eaux réunies à celles de la fontaine Castalie arrosent abondamment le versant du second contrefort, sur lequel s'élève une église ornée de quelques colonnes antiques.

Quantité d'oliviers plantés dans un ordre pareil au premier tapissent d'une verdure grisâtre une pente rapide, terminée par une vallée profonde et étroite, d'où s'élève une montagne pyramidale (l'ancienne Cirphis). Nous visitons avec soin les fondations des temples de Latone, de Diane; nous nous arrêtons aux moindres vestiges.

Dans le mur extérieur d'une maison, nous recueillons cette inscription parfaitement conservée :

Inscription.

—

ΙΟΥΛΙΑΝΟΣ ΝΙΚΙΟΥΣ ΜΥΙ
Julien   victorieux   moi

ΝΑΙΟΣ ΕΝΚΟΜΙΟΤΡΑΦΟΣ
temple   rend grâces

ΝΙΚΗΣΑΣΑ ΑΝΕΦΗΚΕΝ
après sa victoire   consacré

ΑΠΟΛΔΩΝΙ ΠΙΘΙΩΙ.
à Apollon   Pythien.

« Julien victorieux, après la victoire, rend des actions de grâces dans ce temple à Apollon Pythien. »

Au sortir du village, nous nous trouvons sur les bords de la célèbre fontaine près de laquelle Ésope paya de la vie une comparaison piquante faite des anciens habitans.

Nos Grecs nous montrèrent au-dessus du bassin une chapelle dédiée à saint Jean-Baptiste. L'apôtre,

selon la tradition religieuse du pays, s'étant précipité dans un conduit pratiqué dans l'épaisseur du
roc, en suivit les flancs, et fit éclater, pour en sortir,
des pierres travaillées de mains d'hommes.

A quelques centaines de pas, sur le chemin de
Thiva ou Thibet, nous visitons un tombeau récem-
ment fouillé; les parois intérieures, enduites d'un
ciment rouge, représentent quelques lignes peintes
assez bien conservées.

Nous revenons déjeûner près des belles eaux de
Castalie, où le besoin de repos et la fraîcheur des
lieux nous retiennent quelques instans.

Nous nous dirigeons vers le temple d'Apollon,
superbe emplacement jonché d'énormes pierres,
seuls restes de l'antique monument de ce dieu dés-
hérité, dont les autels, depuis long-temps renver-
sés, n'offrent nulle trace de l'ouverture au-dessus de
laquelle la Pythie rendait ses oracles.

Un chevrier, nommé Coritas, gardant, dit-on,
son troupe auprès du Mont-Parnasse, s'aperçut que
ses chèvres, en approchant d'une espèce d'ouverture, bondissaient et jetaient des cris. Il en approche lui-même; et, saisi des vapeurs qui en sor-

taient, il se mit à prophétiser. Les habitans du voi-
sinage, ayant à leur tour éprouvé le même enthousiasme, supposèrent que ce prodige était produit
par la terre elle-même; et dès-lors on honora en ce
même endroit cette divinité invisible : on lui offrit
des chèvres en sacrifice, et l'on y bâtit dans la suite
un temple.

La Terre fut donc la première en possession de
l'oracle, qu'elle partagea avec Neptune; de la Terre
il passa à sa fille Thémis, qui le possédait du temps
de Deucalion; ensuite Apollon étant venu sur le Parnasse, revêtu de ses habits immortels, parfumés
d'essences, et tirant de sa lyre d'or des sons mélo-
dieux, s'empara de force du sanctuaire, tua le dra-
gon que la Terre avait commis à sa garde, et se rendit maître de l'oracle.

Celui du dieu l'emporta depuis sur tous les autres
par sa célébrité et par sa durée. De toutes parts on
venait le consulter, Grecs, étrangers, particuliers
et princes. De là les présens infinis et les richesses
immenses dont le temple et la ville étaient remplis,
et qui devinrent si considérables qu'on les compa-
rait à celles des rois de Perse.

Delphes, ville de la Phocide, passait chez les anciens pour être le milieu de la terre.

7

Claudien rapporte que Jupiter, voulant marquer
le milieu de l'univers, fit voler avec la même rapidité deux aigles, l'un du levant, l'autre du cou-
chant; ils se rencontrèrent dans cette ville : de là
vient qu'on mit dans le temple de Delphes un nom-
bril de pierre blanche, duquel pendait un ruban,
désignant le cordon ombilical, et sur laquelle
étaient sculptés deux aigles en mémoire de cet évé-
nement.

Nos momens sont comptés : un navire nous attend; nous quittons ces lieux célèbres avec le regret de n'être pas montés sur le Parnasse, et de
n'avoir pas visité l'antre de Trophonius. Perdant de
vue le village au premier détour de la route, nous
apercevons dans une chaîne de rochers une infinité
de tombeaux, dont l'ouverture est à plein cintre;
sépultures des anciens habitans, ils sont creusés
dans le roc, et présentent un espace de la longueur d'une personne.

Descendus dans la vallée, nous poussons nos
montures, qui nous portent rapidement aux cahutes de Salone. Nous nous étions inutilement
pressés : le patron, oubliant sa promesse, avait mis à
la voile bien avant l'heure convenue.

Le bon accueil des chefs de la douane, et la présence de Basilio Gouli, secrétaire du fameux Marco-Botzaris, nous dédommagent de ce contre-temps. C'était un dimanche : les Grecs, naturellement gais, passionnés pour la danse, oublient aisément leurs peines au son des instrumens.

Nous vîmes les femmes formées en cercle dans la prairie, danser un contre-pas et prendre des attitudes très-agréables, secondées dans cet exercice des gestes gracieux d'un joueur de mandoline.

Sur le soir, au clair de la lune, ce fut le tour des hommes, réunis de la même manière : ils entremêlèrent leurs rondes de paroles très-gaies, et les chefs de la danse nous étonnèrent par la rapidité de leurs sauts et bonds continuels.

Embarqués à onze heures du soir, nous ne revoyons Vostitza que dix-sept heures après ; nous y passons la nuit.

Le lendemain, obligés d'attendre long-temps les chevaux promis par la police, nous partons, impatiens d'être rendus au fort, craignant que le départ ne fût ordonné, car nous avions l'ordre depuis quelques jours de remettre le château de Morée et la citadelle de Patras aux Tacticoi, et d'être prêts à nous embarquer pour Coron.

Ce changement paraît si prochain, qu'à peine reposé je me hâte de terminer mes courses en visitant Lépante.

Cette ville de l'antique Étolie, appelée *Enéracthe* par les Turcs, et *Naupacte* par les Grecs, tire son nom, selon Pausanias, du premier vaisseau qui y fut construit par les Héraclides.

Elle est bâtie en amphithéâtre sur le penchant d'une aride montagne, qui s'étend à l'extrémité nord-ouest du golfe. Divisée en quatre enceintes fortifiées, elle est flanquée de tours et entourée de hautes murailles, qui se prolongent à partir de la mer au sommet d'une petite citadelle en ruines. Ses nombreux canons en bronze sont encloués ou placés sur des tas de pierres.

Le port, bien défendu, mais petit, ne peut contenir que des bâtimens de moyenne grandeur. Un terroir très-fertile fera promptement disparaître la misère des habitans, qui a été affreuse pendant le dernier siége.

Avec la paix, le séjour de cette ville ne peut qu'être agréable : l'air y est excellent, et l'on y jouit d'une vue magnifique.

Je vois avec intérêt le tombeau d'un grand-visir, qui mérite d'être conservé, ainsi que les décorations curieuses des riches appartemens de l'habitation d'Islam-Bey.

Je ne puis passer sous silence la pieuse résignation de ce chef dépossédé.

Peu après la capitulation, un de mes camarades admis en sa présence lui témoignait complaisamment de justes inquiétudes sur son sort à venir, et le plaignait d'être aussi cruellement maltraité par la fortune; à quoi le Turc répondit froidement : « *Dieu le sait, Dieu le veut !! ... »*

Une partie du régiment, embarquée sur la frégate *la Syrène,* précède de quelques jours l'autre portion, qui, relevée par les troupes grecques, le 29 juin au soir, se rend à bord du vaisseau *le Scipion.*

Nous mettons à la voile le 30, à six heures du matin, par un vent si faible, que nous ne doublons le cap Papas, l'ancien Araxis, qu'à six heures du soir. Nous restons en panne une partie de la nuit.

Dès la pointe du jour, le vaisseau est à hauteur de Zante. L'île est partagée dans sa longueur par une chaîne de montagnes arides; leurs nombreux versans, couverts d'oliviers et de maisons de campagne offrent un coup-d'œil charmant, qui nous fait plus vivement regretter de ne pouvoir respirer l'odeur balsamique de ses orangers et citronniers, auxquels elle doit le surnom de Fleur du Levant.

La ville principale est bâtie sur le penchant d'une colline, couronnée d'une citadelle.

Le vent fraîchit, et pousse plus rapidement le vaisseau. Nous reconnaissons, à vol d'oiseau, les plaines de Pyrgos, l'embouchure de l'Alphée, le golfe et la ville d'Arcadia, l'île Prodano, enfin Navarin et Modon.

La nuit nous dérobe la vue des rochers que nous connaissons. Nous louvoyons jusqu'au jour, et le capitaine fait jeter l'ancre à bonne portée de canon de notre nouvelle résidence. Le bataillon ne débarque qu'après le repas du soir.

Coron, semblable aux autres villes turques par l'irrégularité de ses rues et le grand nombre de ses maisons renversées, est une place très-forte.

Assise sur un rocher escarpé, située à l'entrée du golfe de même nom, elle possède un port sûr et commode, qui favorise un commerce considérable en huile, blé et soie. Une brise de mer souffle régulièrement sur les onze heures du matin pendant l'été, tempère les grandes chaleurs, et entretient un air pur, très-favorable aux étrangers, et en fait le séjour le plus sain de toute la Morée.

Au pied des remparts, dans un champ à peine recouvert de terre végétale, et constamment baigné par les flots, on trouve quantité de citernes revêtues d'un ciment très-dur qui paraissait d'une haute antiquité. A quelque distance de la ville sur la route de Modon, on remarque aussi les traces d'anciens chars.

Le ministre de la guerre avait depuis deux mois rappelé les cadres du deuxième bataillon de l'armée expéditionnaire ; nous attendons avec anxiété l'ordre de retour, et les jours s'écoulent péniblement.

La réunion du soir adoucit seule nos ennuis.

Au coucher du soleil, chaque officier, exact au rendez-vous, se trouve sur l'emplacement d'une batterie ; une pièce turque démontée sert de banc aux premiers occupans ; nous l'appelons galamment le *canon d'amour*, en l'honneur des habi-

tans d'une maison voisine, qui osent plus fréquem-
ment se montrer à nos yeux étonnés.

Là, des chants joyeux, suivis des accords de notre
musique, charment ces momens trop courts d'un
tranquille plaisir, obligés, pour la plupart, de vivre
de souvenirs au milieu d'une population qui, loin
de nous offrir quelque adoucissement, irrite plutôt
nos désirs par la surveillance sévère dont elle nous
environne.

Le 27 juillet, possesseur d'un vieux cheval arabe
qui me donna en plaine des preuves de son ancienne vigueur, je me rends en cinq heures à Navarin, traversant un pays montagneux, peu cultivé,
coupé de quelques beaux vallons.

Au pied du mont Saint-Nicolo, une chaussée
nouvelle et très-large rend les communications
plus faciles entre les deux villes. Un glacis en pierre
change l'aspect de la forteresse. Un déblaiement
général, opéré par la garnison, présente une propreté intérieure inconnue jusqu'alors. Une pente
douce conduit à l'embarcadère, où deux rangées
de maisons en bois remplacent les tentes pourries
du camp d'Ibrahim.

Il règne au milieu de cette nature agreste et

sévère un mouvement continuel, heureux effet des
sacrifices de la France.

Le lendemain de très-bonne heure, je fais mes
adieux aux officiers du 54° qui m'avaient reçu en
frère d'armes et je me dirigeai vers Modon, qui fut,
sous les Romains, la prison du roi maure Bagdad.

Des murailles en pierres, symétriquement bâties,
me font reconnaître à quelque distance de cette
ville un des camps réguliers du prince égyptien.

Je touche aux glacis; je franchis un fossé très-
large sur un pont en bois, et je longe des remparts
en bon état.

Dans l'intérieur, même uniformité de construction et de débris : une colonne, seul reste solitaire
du Bas-Empire, embellit la place d'armes.

Je prends les ordres du général; je salue un de
mes anciens chefs de bataillon, et je regagne le
plus vite possible ma demeure peu spacieuse, mais
qu'une chaleur excessive me fait retrouver avec dé-
lices.

Le 3 août, la frégate *la Vénus* nous apparaît
enfin vers les deux heures de l'après-midi, et

mouille bientôt après non loin de la rade marchande.

Le lendemain, à l'heure prescrite, dix-neuf officiers et cent soixante-deux sous-officiers, caporaux et soldats, formés en bataille sur le môle, entrent successivement dans les canots de la frégate.

Une fois à bord, notre joie, comprimée par la présence de nos camarades, éclate en de vifs transports; chacun de nous savoure le plaisir inexprimable de revoir la France sous peu de jours.

Le capitaine donne les ordres, répétés à l'instant même par l'officier de service et les sifflets des maîtres et contre-maîtres. Les marins redoublent d'efforts pour remettre à flot la frégate entraînée par les courans dans un bas-fond.

Ce travail heureusement terminé, les voiles se déroulent, enflées par un vent bon frais, qui s'élève progressivement. Nous doublons en quelques heures l'île Venetico. Coron ne nous offre déjà plus qu'une trace blanchâtre qui se perd bientôt dans les vapeurs de l'horizon.

Le vent augmente et la houle est très-forte; nous en ressentons tour à tour les fâcheux effets :

c'est une déroute complète. Le mal de mer nous prend avec une violence extrême : cet état dure jusqu'au lendemain soir.

Le 5 août et jours suivans, la marche de *la Vénus* est parfaite; mais un vent de bout ne nous permit d'arriver, après maintes bordées, que le septième jour, vers les dix heures du matin, à trois lieues des îles montueuses et pelées de Malte et de Gozze. Un calme de plusieurs heures, suivi d'une bonne brise, nous les fait perdre de vue sur le soir.

Le lendemain, au déjeuner, nous laissons sur notre droite le rocher de Linose, habité par une pauvre famille maltaise, dont la mission est d'éclairer pendant la nuit les vaisseaux, et de vendre, le jour, des pastèques aux marins.

Le 11, nous voguons lentement vers la Pantillerie, prison d'état du gouvernement napolitain.

Le 12, nous y arrivons avant la nuit, et nous serrons la côte d'assez près pour remarquer de jolies habitations au milieu de terres bien cultivées. La population de cette île est d'environ six mille âmes.

Le 13, le vent, devenu favorable, nous porte rapidement vers le cap Bon.

Au branle-bas du matin, nous nous hâtons de monter sur le pont, afin de mieux examiner cette partie de l'Afrique.

Le Cap est un rocher énorme, aride, poste avancé d'une suite de montagnes peu élevées, qui s'étendent dans un horizon de douze lieues.

Le maître timonnier, notre cicérone, nous indique la position de Tunis, près de laquelle on trouve les ruines de Carthage, et nous montre les caps de ce nom et Zébib.

Nous courons par une belle mer et une jolie brise, onze nœuds à l'heure (trois lieues deux tiers). Cette marche supérieure ne dura que sous le vent de la côte; au-delà, elle diminua de plus en plus.

Néanmoins, le jour suivant, après midi, nous rencontrons à hauteur des rochers du Taureau et de la Vache trois escadrilles de bateaux sardes occupés à la pêche du corail.

Le 15, nous sommes surpris par un nouveau calme.

Le 16, un vent de nord-est assez violent nous fait cingler vers l'ouest, pour redescendre les 17, 18, 19, vers les côtes de Provence, qu'une brume épaisse nous déroba jusqu'à huit heures du matin.

A midi, nous jetons l'ancre en rade de Marseille.

Quel moment! combien il est difficile à dépeindre! Les sensations les plus vives nous assiégent à la fois!...

Mouillés à peu de distance d'un village riverain, protégé par le fort de Notre-Dame-de-la-Garde, chapelle vénérée des marins, nous admirons délicieusement un bassin immense couvert d'oliviers, de superbes bastides, et nous suivons des yeux une infinité de gondoles diversement ornées, qui viennent faire le tour de la frégate, tandis que d'autres se dirigent vers le nouveau lazaret de l'île Dieu-Donné, ou abordent le rocher du château d'If.

Après une traversée souvent trop longue, l'étranger peut croire que le port de Marseille est celui de la liberté; mais son erreur est complète. Un fléau jadis trop affreux a commandé la surveillance la plus active : quoique bien portant, il

faut subir les lois de la quarantaine..... L'inten-
dance sanitaire nous a condamnés à vingt jours de
réclusion.

Le 20 août au matin, par une mère houleuse, les
canots de la frégate nous transportent au lazaret
de la ville.

Installés dans des demeures préparées à l'avance,
ce séjour peu agréable nous fait plus vivement désirer le 7 septembre.......

Le 24 décembre suivant, nos camarades du premier bataillon éprouvent les mêmes émotions, et
subissent comme nous ces dernières privations ;
heureux de nous retrouver sur le sol de la patrie,
d'y reprendre cette vie française de garnison , ils
oublient avec nous ce long temps d'abstinence.

Le régiment, réuni sur le rivage de la belle Provence, conserve l'espoir d'être appelé à de nouveaux
travaux !!

Assis au foyer paternel , les avantages d'une position aisée secondent vivement une imagination ardente et désireuse de satisfaire une noble ambition :
aussi puis-je craindre que ces souvenirs ne déplai-
sent à plus d'un lecteur.

Une dernière et rapide analyse de l'expédition le forcera de changer d'opinion ; il reconnaîtra qu'ainsi que lui, trompés dans nos rêves de gloire, nous avons dû éprouver le besoin d'une vie plus heureuse.

L'armée brûlait de répondre aux vœux de la nation. Le jour de l'embarquement fut le signal d'une joie générale, et le regret de quitter la France fut une impression naturelle rapidement effacée par l'impatience d'arriver aux rivages helléniques.

Déposés sur cette terre célèbre, une capitulation honorable nous enlève la possibilité de combattre le prince égyptien.

Les Turcs, abandonnés de leur indispensable soutien, se soumettaient aux conditions pleines d'humanité du général en chef, et la garnison du château de Morée, qui seule voulut résister, déposa les armes aux pieds du vainqueur.

Une vie monotone succède à une victoire aussi facile.

Habitant de misérables cabanes, isolés au milieu d'une population avec laquelle nous n'avons d'autres relations que l'intérêt ; des ruines, une profonde misère pour récréation, et le tableau plus affligeant d'une épidémie cruelle qui moissonne seize cents hommes en moins de trois mois, nos pensées se reportent douloureusement vers la France, et tous désirent le retour de la patrie, qui n'est jamais plus chère que lorsqu'elle est absente, puisque la diplomatie enchaîne notre volonté et suspend l'effet de nos armes !!!...

Néanmoins, cette noble expédition, conçue, exécutée par le ministère d'alors, qui comprit si bien les vœux de la France; maintenue, et continuée par les derniers ministres avec une constance digne d'éloges, assure une belle page à l'histoire de notre pays. Puisse l'élection du prince Othon de Bavière au trône de la Grèce, sanctionnnée et appuyée par les trois puissances alliées, étouffer les dissensions intestines de ce peuple infortuné, et mettre un terme à ses trop longues et cruelles souffrances !!

seize cents hommes en moins de trois mois, nos pensées se reportent douloureusement vers la France, et tous désirent le retour de la patrie, qui n'est jamais plus chère que lorsqu'elle est absente, puisque la diplomatie enchaîne notre volonté et suspend l'effet de nos armes !!!...

Néanmoins, cette noble expédition, conçue, exécutée par le ministère d'alors, qui comprit si bien les vœux de la France; maintenue, et continuée par les derniers ministres avec une constance digne d'éloges, assure une belle page à l'histoire de notre pays. Puisse l'élection du prince Othon de Bavière au trône de la Grèce, sanctionnnée et appuyée par les trois puissances alliées, étouffer les dissensions intestines de ce peuple infortuné, et mettre un terme à ses trop longues et cruelles souffrances !!

SITUATION DES TROUPES.

NUMÉROS des BRIGADES.	DÉSIGNATION des CORPS.	NOMS des COLONELS.	EFFECTIF — HOMMES.			CHEVAUX.				NOMBRE D'HOMMES ET DE CHEVAUX que les corps ont reçu pendant la campagne.		
			Officiers.	Troupes.	Total.	d'Officiers.	de Troupe.	de Trait.	Total.	Officiers.	Troupe.	Chevaux.
	8e de ligne.	Comte de Saferwick.	59	1,264	1,323	7	»	13	20	1	4	»
1re	29e id.	Despau de Cubière.	52	1,092	1,144	4	»	13	17	11	209	»
	35e id.	Rullière.	58	1,141	1,199	16	»	4	20	1	172	»
	16e id.	Comte Bogarelli d'Isson.	58	1,264	1,322	7	8	13	20	»	»	»
2e	46e id.	de Melisse.	59	1,251	1,310	7	»	4	9	1	»	»
	58e id.	Vicomte de Quesnay.	58	1,245	1,303	5	»	4	11	2	»	»
	29e id. (1)	Delachau.	60	1,250	1,310	7	»	4	11	1	»	»
3e	42e id.	Comte de Serre.	60	1,246	1,305	7	»	6	13	1	»	»
	54e id.	Lewis, duc de Ventadour.	59	1,221	1,281	9	»	4	13	1	»	»
3e	de lanciers.	Marquis de Fadboas.	60	268	286	27	211	1	239	19	247	21
	Artillerie.	Ducos, Vicomte de la Hitte.	18	462	484	30	31	309	370	8	297	»
	Génie.	Aubox, Lieutenant-Colonel.	18	408	456	12	8	»	20	13	355	»
	Gendarmerie.	Surnant de Verville, Cape.	3	31	34	4	»	3	7	13	»	»
	Équipages militaires.											
	Ouvriers d'administration.											
	Ambulances.		134	301	435	107	»	167	274	1	»	»
		TOTAUX.	718	12,464	13,162	249	250	545	1,044	247	1,284	21
		REPORT.	57	1,284	1,341	»	»	»	21	57	»	»
		TOTAUX GÉNÉRAUX.	775	13,728	1,341	»	250	545	1,065	1,341	»	21

(1) Arrivé en rade de Carou le 20 septembre 1828.

PIÈCES HISTORIQUES.

PIÈCES HISTORIQUES.

8

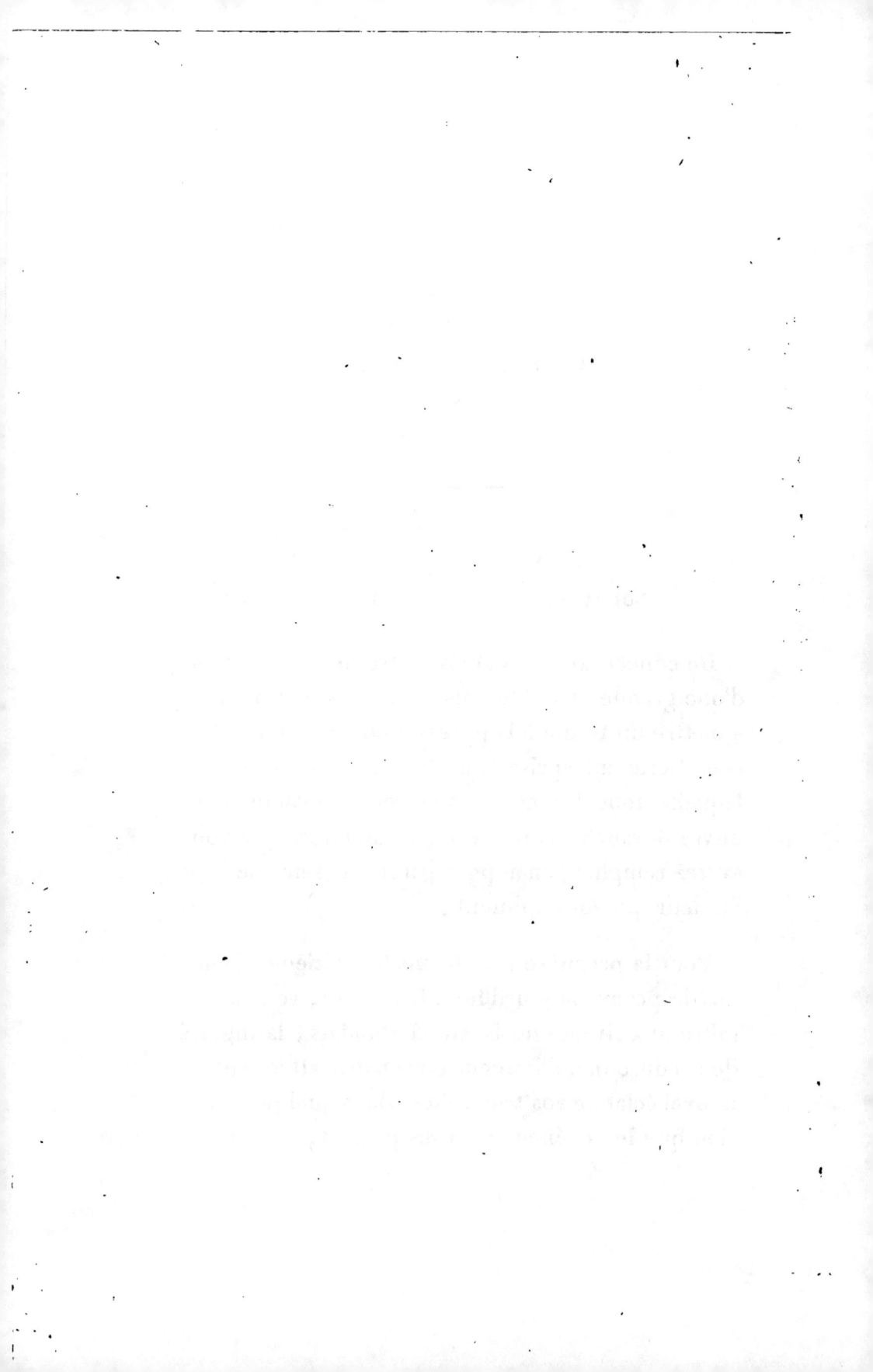

ORDRE DU JOUR.

SOLDATS,

De concert avec ses alliés, votre Roi vous charge d'une grande et noble mission; vous êtes appelés à mettre un terme à l'oppression d'un peuple célèbre. Cette entreprise, qui honore la France, et à laquelle tous les cœurs généreux applaudissent, ouvre devant vous une carrière de gloire que vous saurez remplir; j'en ai pour garans les sentimens et l'ardeur qui vous animent.

Pour la première fois depuis le treizième siècle, nos drapeaux, aujourd'hui libérateurs, vont apparaître aux rivages de la Grèce. Soldats, la dignité de la couronne, l'honneur de la patrie attendent un nouvel éclat de vos triomphes. Dans quelque situation que les événemens vous placent, vous n'ou-

blierez pas que de chers intérêts vous sont confiés.
Des privations et des fatigues vous attendent, vous
les supporterez avec courage, et vos chefs vous en
donneront l'exemple ! ! !

Le Lieutenant-Général, Pair de France,
commandant l'Expédition de Morée,

Marquis MAISON.

ORDRE DU JOUR.

Au quartier-général, à Modon, le 28 février 1829.

LE gouvernement de la Grèce a chargé M. l'amiral Miaulis de venir, à la tête d'une députation, exprimer au Lieutenant-Général commandant l'Expédition, la reconnaissance de la nation grecque pour le Roi, la France et la division qui a heureusement rempli la mission d'humanité qui lui était confiée par Sa Majesté.

M. l'Amiral a été reçu au quartier-général, à Modon, avec tous les honneurs dus, non-seulement à son rang, mais aussi à sa respectable personne. Les troupes étaient en bataille ; l'artillerie a fait une salve de onze coups de canon. Le lieutenant-général avait réuni autour de lui l'état-major général, les chefs de corps et ceux de l'administration. En lui présentant la dépêche de son gouvernement, l'amiral a prononcé un discours ; le général lui a répondu ainsi qu'au gouvernement grec. Il s'empresse de faire connaître aux troupes ces divers documens ; il espère que les sentimens qui y sont exprimés leur paraîtront une récompense de la résignation courageuse avec laquelle elles ont supporté une situation pénible, peut-être unique dans nos fastes militaires, et un encouragement à continuer de mériter l'estime d'un peuple aux souffrances duquel elles sont venues mettre un terme.

Le Lieutenant-Général, Pair de France,
commandant l'Expédition de Morée,

Marquis MAISON.

DISCOURS

DE L'AMIRAL MIAULIS.

———

« La lettre que j'ai l'honneur de vous remettre,
» M. le général, de la part de mon gouvernement,
» vous porte l'expression de la profonde reconnais-
» sance dont la nation grecque est pénétrée pour
» tous les bienfaits qu'elle doit à votre auguste Sou-
» verain, et à l'armée qui a si noblement rempli ses
» généreuses intentions sous les ordres de votre
» seigneurie.

» Je suis chargé, M. le général, de vous prier de
» déposer aux pieds de S. M. T. C. ce faible hom-
» mage de notre gratitude. C'est le seul que nous
» puissions offrir aussi dans ce moment à votre
» seigneurie et aux braves qui ont délivré le Pélo-
» ponèse, et dont la présence seule soulage les mi-
» sères que lui ont léguées huit années de guerres
» et de malheurs.

» En plaçant toute sa confiance en Dieu et dans
» la justice de sa cause, la Grèce espère que tous
» ses enfans jouiront du bonheur dont jouissent
» déjà les habitans de la Péninsule, et qu'ils béni-
» ront sous peu, dans leurs propres foyers, le nom
» auguste du roi très-chrétien, de ses alliés et de la
» France.

» Ma patrie ose conséquemment invoquer la con-
» tinuation des secours magnanimes qu'elle doit à
» la munificence du Roi.

» C'est un des plus beaux jours de ma vie que celui
» où je me trouve appelé à vous exprimer, M. le
» général, au nom de la Grèce, ces sentimens et
» ces vœux.

» Elle est assurée d'avance, que votre seigneurie
» les accueillera avec cet intérêt bienveillant dont
» elle s'est plue à lui donner en toute occasion des
» preuves si nombreuses et si touchantes. »

RÉPONSE

DU

LIEUTENANT-GÉNÉRAL MAISON

AU

DISCOURS DE L'AMIRAL MIAULIS.

———

Msieur l'Amiral,

« Les troupes que j'ai l'honneur de commander
» apprendront avec un vif plaisir qu'en exécutant
» les ordres de leur souverain et de son auguste
» fils, pour l'observation d'une discipline exacte et
» sévère, elles ont acquis l'estime de vos compa-
» triotes et qu'elles laisseront en Grèce d'honora-
» bles souvenirs. Elles n'ont jamais ambitionné
» d'autre récompense de leurs travaux et de leurs
» souffrances, d'autant plus pénibles qu'ils n'eu-
» rent pas pour dédommagement l'éclat de la gloire
» militaire qui fait battre si violemment le cœur de
» tout soldat français.

» A l'aspect de vos malheurs, de vos périls, le
» noble cœur de notre Roi s'est ému ; aucun obs-
» tacle n'aurait pu le détourner du généreux des-
» sein de vous secourir ; l'histoire dira ce qu'à sa
» voix la France a fait pour rendre, aux descendans
» des vainqueurs de Salamine et de Marathon, une
» patrie indépendante et la liberté, premier des
» biens dont il soit donné aux hommes de jouir.
» Elle dira aussi, vous m'en donnez l'assurance,
» que les Grecs furent reconnaissans d'aussi grands
» bienfaits.

» La haute protection des trois puissances alliées
» ouvre devant vous un heureux avenir ; sachez
» vous en emparer. Il vous reste beaucoup à faire
» pour achever l'œuvre de votre régénération com-
» mencée sous d'heureux auspices : éloignez de
» vous toute dissention, qu'un même esprit vous
» anime pour le bien de votre pays, et n'oubliez
» jamais que pour les petits comme pour les grands
» États, c'est dans l'union seule qu'est la force.

» Tels sont, en me séparant de vous, mes espé-
» rances et mes vœux. Croyez qu'heureux et fier
» d'avoir été appelé par la confiance de mon sou-
» verain à contribuer de mes faibles moyens à un
» grand acte d'humanité, je ne serai jamais étran-

» ger aux destinées qu'il a préparées à votre illustre
» patrie.

   » Je ne manquerai pas de déposer aux pieds du
» Roi l'hommage de votre reconnaissance et l'ex-
» pression de vos désirs; je crois pouvoir vous
» donner l'assurance qu'ils seront accueillis avec la
» bienveillance dont Sa Majesté s'est plue à vous
» donner tant de marques.

   » Monsieur l'Amiral, votre gouvernement ne
» pouvait choisir un plus honorable organe des
» sentimens de la Grèce pour nous, que le brave
» qui, en toute occasion, s'est montré prêt à tous
» les sacrifices, et n'a jamais été mû que par les
» sentimens du plus pur patriotisme : je me félicite
» que cette circonstance me fournisse l'occasion
» d'acquitter au nom de tous ce tribut d'estime. »

LETTRE

DE

SON EXC. LE COMTE CAPO-D'ISTRIAS,

PRÉSIDENT DE LA GRÈCE,

AU

LIEUTENANT-GÉNÉRAL MAISON,

REMISE ENTRE SES MAINS PAR M. L'AMIRAL MIAULIS.

Egine, le 31 janvier (12 février) 1829.

« Les ordres du Roi, votre auguste souverain,
» rappellent en France les troupes qui, sous le
» commandement de votre seigneurie, ont entiè-
» rement délivré le Péloponèse.

» Cette mémorable entreprise associe désormais
» votre nom à la restauration de la Grèce, qui le

» prononcera dans les âges les plus reculés avec
» l'émotion d'une profonde reconnaissance.

» **Les intentions** magnanimes des souverains
» alliés et les volontés de **S. M. T. C.** ont été
» accomplies par l'armée d'expédition avec cet
» empressement et cette ardeur si naturels aux
» Français.

» **Le souvenir** de leurs faits d'armes précédait
» leurs drapeaux, et il a suffi pour déterminer à
» la retraite les Musulmans qui ravageaient si cruel-
» lement la Morée.

» **Dans la seule** occasion qui se soit offerte à
» leur valeur, vos jeunes soldats ont rivalisé de
» zèle et de courage pour prouver qu'ils étaient
» dignes de marcher sous les ordres de chefs éprou-
» vés dans les combats.

» **Mais,** quels que soient leurs nobles regrets,
» ils ont cueilli sur le sol de la Grèce des lauriers
» impérissables. Trop souvent les armées signalent
» leur passage par la dévastation; et, quelque bril-
» lans que soient leurs exploits, le sillon du culti-
» vateur vient en détruire les traces et en bannir
» insensiblement la mémoire.

» Ici ce sont ces mêmes travaux, fruits de la
» paix, qui attestent la présence des troupes fran-
» çaises. Le retour de la peste menaçait encore le
» Péloponèse de nouvelles calamités; il en est pré-
» servé, grâce aux généreux soins de votre sei-
» gneurie et à l'infatigable sollicitude de votre
» armée.

» Chaque Grec, qui peut ainsi retrouver ses
» foyers, élever sur leurs ruines un abri à sa fa-
» mille, et rendre à la culture le champ de ses
» pères, comble de bénédictions le Roi et la France.

» Un tel hommage est trop au-dessus de toutes
» les expressions dont pourrait se servir notre re-
» connaissance envers l'armée et son noble chef;
» c'est cependant le seul que la Grèce puisse leur
» offrir dans ce moment. Mais, si l'Éternel bénit
» ses travaux et ses espérances, et si des villes
» s'élèvent, sous peu, là où la misère et des ruines
» montrent les ravages de la barbarie, la Grèce re-
» connaissante, et représentée par son assemblée
» nationale, s'empressera d'élever à ses libérateurs
» un monument destiné à rappeler la grandeur des
» bienfaits dont elle a été l'objet.

» Pénétré de ces sentimens, le gouvernement
» grec se fait un devoir agréable d'en offrir le

» témoignage bien sincère à votre seigneurie et à
» l'armée par l'organe de l'amiral Miaulis , dont
» le noble caractère et la valeur connus le rendent
» digne de remplir cette honorable mission. ,

    » Veuillez, monsieur le marquis, agréer l'assu-
» rance de ma considération très-distinguée. »

    Signé, Comte Capo-d'Istrias.

RÉPONSE

DU

LIEUTENANT-GÉNÉRAL MAISON

A LA LETTRE CI-DESSUS

DU PRÉSIDENT DE LA GRÈCE.

Modon, le 27 février 1829.

MONSIEUR LE PRÉSIDENT,

« J'ai reçu par M. l'amiral Miaulis la lettre,
» si remarquable sous tant de rapports, que votre
» excellence m'a fait l'honneur de m'écrire à l'oc-
» casion de notre rappel en France; je la ferai
» connaître aux troupes; il leur sera bien doux
» de recevoir l'assurance des sentimens que leur
» conduite et leur dévouement, justement appré-

» ciés, ont inspirés à la nation grecque. Elles seront
» heureuses surtout d'avoir honoré leur patrie en
» laissant sur cette terre classique de glorieux sou-
» venirs. Ce sera désormais, votre lettre à la main,
» que nous répondrons aux détracteurs de l'expé-
» dition de Morée.

» Votre Excellence émet le vœu que la Grèce,
» se relevant de ses ruines, élève un monument
» de reconnaissance : votre éloquente lettre, que
» l'histoire recueillera, sera elle-même un impé-
» rissable monument; nos familles s'en glorifieront,
» et la transmettront avec orgueil à leurs enfans.
» Pour moi, dès long-temps dévoué à votre noble
» cause, qui ai souvent ressenti vos peines dans
» les jours de malheur, qui appelai de tous mes
» vœux l'intervention des puissances chrétiennes,
» il ne pouvait rien m'arriver de plus heureux,
» vers la fin de ma longue carrière, que de me
» voir appelé par la confiance du Roi, à diriger
» une expédition qui devait avoir tant d'influence
» sur la régénération d'un peuple célèbre et mal-
» heureux. Après ce rare bonheur, il ne me restait
» plus qu'à désirer de remplir ma tâche, comme
» vous voulez bien me donner l'assurance qu'elle
» l'a été, et à justifier ainsi la haute confiance de
» mon auguste souverain.

» Les puissances alliées n'abandonneront pas
» leur œuvre encore imparfaite, elles continue-
» ront leur protection à la Grèce, l'honneur leur.
» en fait un devoir, c'est dire assez qu'il sera
» rempli.

» Puissiez-vous, Monsieur le comte, diriger en-
» core, pendant de longues années, le mouvement
» régénérateur de ce peuple dans lequel, malgré
» les stigmates du despotisme dont il est encore
» tout meurtri, on retrouve les traces de la haute
» intelligence qui le rendit si célèbre dans l'anti-
» quité. Votre tâche est grande, elle ne sera pas
» au-dessus de vos forces.

» Rentré dans la vie privée et le repos, mes
» souvenirs me reporteront incessamment vers
» votre pays ; je verrai avec bonheur ses progrès
» répondre à mes espérances, et, s'il m'était donné
» de pouvoir lui être utile, mon empressement
» prouverait que ce fut et que ce sera toujours
» un besoin de mon cœur.

» Je dois maintenant, Monsieur le président,
» vous remercier du choix que vous avez fait de
» M. l'amiral Miaulis, pour présenter au Roi et
» à la France l'hommage de la reconnaissance de

» la nation grecque : un plus digne organe ne pou-
» vait être donné à vos sentimens. »

Le lieutenant-général, pair de France,
commandant l'expédition de Morée,

Signé, Marquis MAISON.

Pour copie conforme :

Le maréchal-de-camp chef d'état-major,

Baron DURRIEU.

MATÉRIEL.

———◦———

ÉQUIPAGE DE SIÉGE....	Canons de 16......... 6 Obusiers de 8 pouces.. 2 Mortiers de 8 pouces.. 4	}	12
BATTERIE DE CAMPAGNE.	Canons de 8......... 6 Obusiers de 24....... 2	}	8
BATTERIE DE MONTAGNE.	Canons de 4......... 6 Obusiers de 12....... 6	}	12

18 Canons; 4 Mortiers; 10 Obusiers.   TOTAL.... 32

Affuts de rechange............................. 23

MUNITIONS.

Boulets de 16............................. 6,000
Obus de 8................................. 1,600
Bombes de 8............................... 2,400
Grenades à main........................... 1,200
Cartouches à balles de 16................. 2,500
14 Caissons de 8, chargés.
6 Caissons chargés d'obus de 24.
12 Caissons à cartouches.
Poudre entonnée, 36,000 kilogrammes.

ÉTAT-MAJOR GÉNÉRAL.

Marquis MAISON,
LIEUTENANT-GÉNÉRAL, COMMANDANT
EN CHEF.

DELARUE ST-LÉGER, Capitaine d'État-Major, Aide-de-camp. (*En mission en Égypte.*)

Vicomte MAISON, idem, idem.

MORLOT DE WENGY, Lieutenant d'État-Major, idem.

Marquis DE FITZ-JAMES, Lieutenant au 3e de hussards, Officier d'ordonnance.

Comte DE ROHAN-CHABOT, Sous-Lieutenant au 6e de chasseurs, idem.

* Marquis DE DALMATIE, Lieutenant Aide-Major au 64e de ligne, attaché au Quartier-général. 20 septembre.

* DE CARAMAN, Lieutenant d'État-Major, détaché au 3e de hussards, attaché au Quartier-général. Novembre.

* DE DILLON, Sous-Lieutenant d'État-Major, employé au 3e de chasseurs à cheval.

Baron DURRIEU,
Maréchal-de-camp,
Chef de l'État-Major.

TRÉZEL,
Colonel au Corps royal,
Sous-Chef de l'État-Major.

Employés à l'État-Major.

BARTHÉLEMY, Chef de Bataillon d'État-Major.

STAMATI BULGARI, Capitaine d'État-Major, détaché près du Président de la Grèce.

PELLION, Capitaine d'État-Major.

EYNARD, idem.

TATAREAU. idem.

PEYTIER, Capitaine, Ingénieur-Géographe, détaché près du Président de la Grèce.

Aides-de-camp.

DE VITERNE, Capitaine d'État-Major.

PÉLISSIER, idem.

Employés à la suite du Quartier-général.

CORBET, Colonel d'État-Major.

LOUISEL DE SAULNAYS, Chef d'escadron.

PAYEN DE NOYAN, idem.

VARLET, Capitaine d'infanterie.

TITON, idem.

BYRNE, idem.

* LAVELAINE-MAUBEUGE, Capitaine au 42e de ligne.

BOMPAR, Lieutenant de vaisseau en retraite.

Interprètes.

OUTREY, Vice-Consul, Interprète.

REGNAULD DE SAINT-JEAN-D'ANGELY, idem.

Marquis DE VALMY, Secrétaire-Interprète.

* FÉBURIER, idem. (29 août, en mer.)

SALEM, jeudi, Guide-Interprète.

METZI-NAZO, idem.

GUEZ, idem.

* PAPADAKI, Secrétaire-Interprète. 1er octobre.

* THOMASSET, Guide-Interprète, idem.

* HARAHIBY, idem. 14 octobre.

* PÉRÈTIÉ, idem. 1er février.

Vicomte TIBURCE SÉBASTIANI,
Maréchal-de-camp, Commandant la 1re brigade.

Comte DE TILLY, Capitaine d'État-Major, Aide-de-camp.

ARNAULT, Capitaine d'infanterie, Officier d'ordonnance.

Baron HIGONNET,
Maréchal-de-camp, Commandant la 2e brigade.
{ JACQUIN, Capitaine d'État-Major, Aide-de-camp.
{ SERS, Lieutenant d'État-Major, *idem.*

SCHNEIDER,
Maréchal-de-camp, Commandant la 3e brigade.
{ DE FOUCAULT, Lieutenant d'État-Major *idem.*
{ CLARKE DE FELTRE, Sous-Lieutenant, Officier d'ordonnance.

SUNHANY DE VERILLE, Capitaine commandant la force publique.

DUCOS, Vicomte DE LA HITTE,
Colonel d'artillerie,
Aide-de-camp de S. A. R.
Mgr le Dauphin,
Commandant l'artillerie.
} Adjoints
à l'État-Major
d'artillerie.
{ HAMART, Chef de bataillon, Chef de l'État-Major.
{ HENNOQUE, *idem,* Commandant du parc.
{ ROUSSOT DE LEYVA, Capitaine d'artillerie de la garde.
{ DUHAMEL, Capitaine d'artillerie.
{ TRUFAT, *idem.*
{ PAUZIÉ, *idem,* détaché près du Président de la Grèce.
{ * ESPERONNIER, Chef d'escadron d'artillerie.
{ * GOUROUSSEAU, Capitaine.
{ * COTTEAU, *idem.*
{ * DE SALLES, Lieutenant aide-major au 2e cuirassiers de la garde.

AUDOY,
Lieutenant-Colonel,
Commandant le génie.
} Adjoints
à l'État-Major
du génie.
{ BORREL-VIVIER, Chef de bataillon du génie, Chef d'État-Major.
{ MONT-MASSON, Capitaine du génie.
{ LIEFFROY, *idem.*
{ LEBARON, *idem.*
{ CAVAIGNAC, *idem.*
{ GARNOT, *idem,* détaché près du Président de la Grèce.

Baron VOLLAND,
Intendant militaire.
{ Sous-Intendans
militaires.
{ Baron DE SENNET.
{ DUPLAA.
{ Comte DE FONTENAY.
{ MÉRAT DE SAINT-LÉON.
{ * MAQUART.
{ * BOUAISSIÈR.
{ JOINVILLE.
{ REVEL.
{ BARBIER.
{ * SICARD.
{ * DE SAINT-MARTIN.

Employés
en chef.
{ ROUX, Médecin principal.
{ MAURICEAU-BEAUPRÉ, Chirurgien principal.
{ JUWING, Pharmacien principal.
{ DONZÉ, Chef du service des hôpitaux.
{ * SAINTE-MARIE, *idem.*
{ SERVANT, Chef du service des subsistances.
{ LASSERRE, Chef du service du campement.
{ FOUCAULT, Capitaine commandant les ouvriers d'administration.

FIRINO,
Payeur-général.
{ BARBOT, Payeur.
{ MOLIER, *idem.*
{ TROGNON, *idem.*
{ AURÈS, *idem.*
{ SCHANN, *idem.*
{ SCITIVAUX, Payeur-adjoint.
{ LERDOT, *idem.*
{ BAGIEUX, *idem.*
{ ROGUIN, *idem.*
{ TOTTE, *idem.*

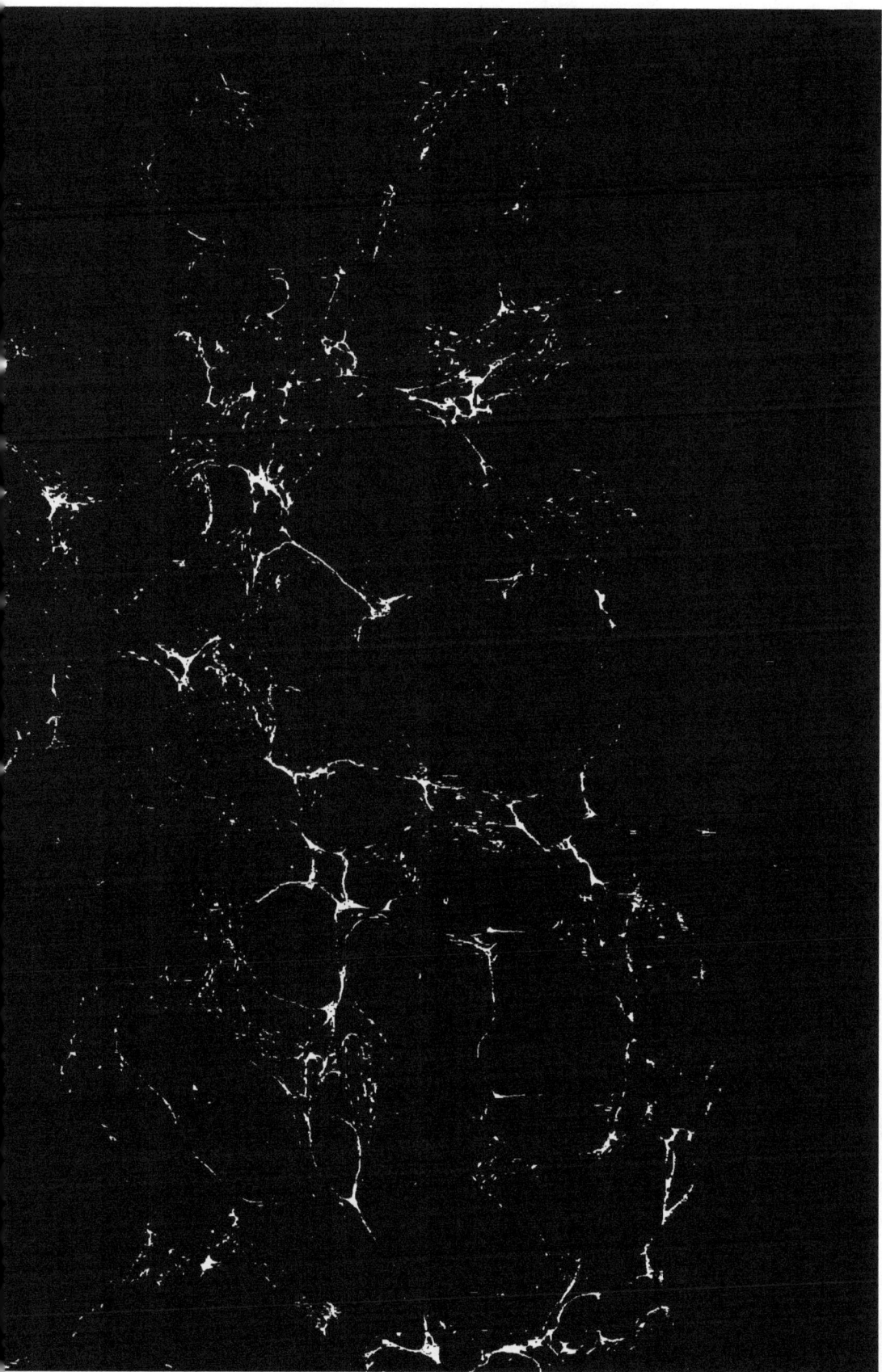

www.ingramcontent.com/pod-product-compliance
Lightning Source LLC
Chambersburg PA
CBHW050007100426

42739CB00011B/2541